Gesa Schönberger · Barbara Methfessel (Hrsg.)

Mahlzeiten

Gesa Schönberger
Barbara Methfessel (Hrsg.)

Mahlzeiten

Alte Last oder neue Lust?

VS VERLAG

Bibliografische Information der Deutschen Nationalbibliothek
Die Deutsche Nationalbibliothek verzeichnet diese Publikation in der
Deutschen Nationalbibliografie; detaillierte bibliografische Daten sind im Internet über
<http://dnb.d-nb.de> abrufbar.

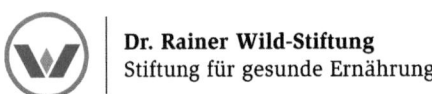

Dr. Rainer Wild-Stiftung
Stiftung für gesunde Ernährung

Dr. Rainer Wild-Stiftung
Mittelgewannweg 10
69123 Heidelberg
www.gesunde-ernaehrung.org

1. Auflage 2011

Alle Rechte vorbehalten
© VS Verlag für Sozialwissenschaften | Springer Fachmedien Wiesbaden GmbH 2011

Lektorat: Frank Engelhardt | Cori Mackrodt
Redaktion: Nicole Schmitt | Claudia Schubert

VS Verlag für Sozialwissenschaften ist eine Marke von Springer Fachmedien.
Springer Fachmedien ist Teil der Fachverlagsgruppe Springer Science+Business Media.
www.vs-verlag.de

Das Werk einschließlich aller seiner Teile ist urheberrechtlich geschützt. Jede Verwertung außerhalb der engen Grenzen des Urheberrechtsgesetzes ist ohne Zustimmung des Verlags unzulässig und strafbar. Das gilt insbesondere für Vervielfältigungen, Übersetzungen, Mikroverfilmungen und die Einspeicherung und Verarbeitung in elektronischen Systemen.

Die Wiedergabe von Gebrauchsnamen, Handelsnamen, Warenbezeichnungen usw. in diesem Werk berechtigt auch ohne besondere Kennzeichnung nicht zu der Annahme, dass solche Namen im Sinne der Warenzeichen- und Markenschutz-Gesetzgebung als frei zu betrachten wären und daher von jedermann benutzt werden dürften.

Umschlaggestaltung: KünkelLopka Medienentwicklung, Heidelberg
Gedruckt auf säurefreiem und chlorfrei gebleichtem Papier
Printed in Germany

ISBN 978-3-531-17959-9

Inhalt

Gesa Schönberger, Barbara Methfessel
Einführung 7

I Mahlzeiten

Gesa Schönberger
Die Mahlzeit und ihre soziale Bedeutung:
Simmel, Wiegelmann, Douglas, Tolksdorf, Barlösius 17

Kirsten Schlegel-Matthies
Mahlzeit im Wandel – die Entideologisierung einer Institution 27

Gesa Schönberger
Mahlzeiten neu denken 39

II Familienmahlzeiten

Sabine Schmidt
Wie Kinder beim Essen essen lernen 55

Ute Alexy, Mathilde Kersting
Frühstück von Kindern und Jugendlichen – aktuelle Trends 71

Silke Bartsch
Familienmahlzeiten aus Sicht der Jugendlichen 79

Kathrin Audehm
Erziehung und familiale Autorität bei Tisch 95

*Jacqueline Köhler, Uta Zander, Anke Möser, Uta Meier-Gräwe,
Ingrid-Ute Leonhäuser*
Essalltag von Familien erwerbstätiger Mütter 105

III Schulmahlzeiten

Ute Alexy, Kerstin Clausen, Mathilde Kersting
Schulmahlzeiten nach optimiX:
Wo haben Schulen Unterstützungsbedarf? 121

Gertrud Winkler
Bedeutung von Umfeld und Ambiente bei Schulmahlzeiten 131

„Gesund? Nachhaltig? Integriert?
Was soll, was kann Schulverpflegung leisten?"
Interview mit Ulla Simshäuser 141

Kristin Pelz
Qualitätsstandards für die Schulverpflegung 151

Zu den Autorinnen 155

Dr. Rainer Wild-Stiftung, Stiftung für gesunde Ernährung 160

Einführung

Gesa Schönberger, Barbara Methfessel

Mahlzeiten als Thema?

Mahlzeiten sind etwas ganz Alltägliches, das uns oft geradezu banal erscheint. Sie zum Thema eines Buches zu machen, mag daher irritieren. Wo ist das wissenschaftliche und gesellschaftliche Interesse, welches das Thema legitimiert? Wir sehen in der Mahlzeit ein wichtiges, hoch komplexes Phänomen, das jeden Menschen gleichermaßen betrifft – und meinen daher, wir sollten uns dringend mehr mit den Mahlzeiten beschäftigen.

Wir beobachten einen schleichenden Wandel in unserem Umgang mit Mahlzeiten. Zeitrhythmen verändern sich, die klassischen Mahlzeiten werden durch Snacks ergänzt beziehungsweise ersetzt oder sie finden in anderen sozialen Zusammenhängen statt. Auch die Verbindlichkeit der Teilnahme (vor allem der Kinder) unterliegt neuen Regeln. Mahlzeiten fallen immer öfter dem Diktat der Zeit zum Opfer: Sie werden verkürzt, durch Snacks ersetzt oder fallen ganz aus. Die Bedeutung und die zukünftige Entwicklung von Mahlzeiten wurden immer wieder diskutiert. Zu Beginn des 20. Jahrhunderts weissagte der Visionär des *Functional Food* John Harvey Kelloggs, die Mahlzeiten der Zukunft bestünden nur noch aus einigen Pillen und funktionalen Getränken (Wirz 1993) – Essen ohne eine Bindung an Ort und Zeit! Zugleich steckt darin die Vision eines völligen Wegfalls der Hausarbeit, die vielfach als lästig und zeitraubend empfunden wird. Wenn der Bedarf auf diese Weise befriedigt ist, bleibt mehr Zeit für andere Tätigkeiten. Doch auch wenn tatsächlich inzwischen weniger Zeit für die Zubereitung von Mahlzeiten aufgewendet wird, ist der letzten Zeitbudgetstudie zu entnehmen, dass sich die Menschen wieder mehr Zeit für das Essen von Mahlzeiten nehmen (Meier 2004).

Ganz so wie vorhergesagt, ist es also (noch) nicht gekommen und dennoch hat sich vieles verändert: *Convenience Food* ist ebenso umstritten wie selbstverständlich geworden. Heute streitet man sich nicht mehr über seinen Sinn, sondern über die Qualität. Essensgenuss und Gesundheit sollen mit reduziertem Hausarbeitsaufwand im Alltag verbunden werden, Mahlzeiten passen sich einem breiten Spektrum von Bedingungen, Interessen, Lebensstilen und Kompetenzen an. Wo Ein- und Zweipersonenhaushalte dominieren, werden Mahlzeiten den Anforderungen der Arbeits- und Freizeitwelt angepasst. In vielen Haushalten finden immer seltener gemeinsame Mahlzeiten statt, Kompetenzen für Lebensmittelauswahl und Zubereitung gehen verloren. Berufstätige essen vermehrt Hauptmahlzeiten außer Haus. Kinder werden mittags in Ganztageseinrichtungen verpflegt – letzteres immer öfter zu ihrem gesundheitlichen Vorteil. Die Familienmahlzeit gerät für Einige gar auf die Liste der aussterbenden Spezies.

Die Mahlzeit lässt sich jedoch ebenso wie das Essen selbst nicht einfach abschaffen. Es mag sein, dass ihre starke Bindung an Ort und Zeit gelockert und sie veränderten Lebensbedingungen und flexiblen Lebensstilen unterworfen wurde. Doch beharrlich treffen sich Familien am Esstisch, finden sich Kollegen[1] zum gemeinsamen Mittagessen in Kantinen ein und bei jedem geselligen Treffen essen und trinken Menschen gemeinsam.

Diese sehr konträren Szenarien – von dem Ideal der gemeinsamen Mahlzeit bis hin zu ihrer völligen Auflösung durch die *Fast* und *Convenience Food* Kultur – werden in Medien, Politik und anderen öffentlichen Diskussionen gerne aufgegriffen. Hier treffen Wunsch und Wirklichkeit aufeinander. Dabei gilt Vielen der schön gedeckte Tisch noch immer als Leitbild einer gelungenen Esskultur – das unreflektierte und begrenzte Bild der bürgerlichen Tischsitten als Grundlage für die Bewertung anderer kultureller Muster dient nach wie vor der sozialen Distinktion und Integration.

Esskulturen, die auch in den Mahlzeiten zum Ausdruck kommen, umfassen jedoch weitaus mehr. Denn sie sind eng verbunden mit der gesellschaftlichen Entwicklung. So ist der Tisch immer auch ein Ort ständiger Auseinandersetzung, weil sich hier soziale Ordnungen herstellen und bewahren lassen. Jede idealisierte Vorstellung von Mahlzeiten führt automatisch zu neuen Problemen: zum Beispiel beim Selbstverständnis berufstätiger Mütter, beim Umgang mit Jugendlichen oder auch bei der Bewertung von Schulmahlzeiten. Ist demnach die Mahlzeit im traditionellen Sinne nicht eine alte Last? Oder kann eine neue Gestaltung sie nicht wiederum zu einer neuen Lust werden lassen?

Der vorliegende Band greift diese, im angelsächsischen Raum bereits in den 1990er Jahren begonnene Diskussion um das soziale Phänomen der Mahlzeit auf (Meiselman 2009, 2000) und widmet sich ihr erstmals für den deutschsprachigen Raum in einer Zusammenschau verschiedener Blickrichtungen. Die hier genannten Aspekte gehen auf wissenschaftliche Arbeiten der letzten 15 bis 20 Jahre in Deutschland zurück. Die Diskussionen dazu blieben längere Zeit in „kleinen Kreisen", während sich in der Öffentlichkeit eher Vorurteile und Ergebnisse be-

---

[1] Gleichberechtigung ist uns sehr wichtig, die wiederholte Nennung von weiblichen und männlichen Formen erschwert allerdings auch das Lesen. Wir haben uns daher dafür entschieden – wo es nötig war – zugunsten der besseren Lesbarkeit darauf zu verzichten und das generische Maskulinum zu verwenden. Daher beziehen sich die Bezeichnungen, wenn nicht anders vermerkt, stets auf beide Geschlechter. Wo es Alternativen für neutrale Formulierungen gab, ziehen wir diese vor.

grenzter Perspektiven breit machten. Dieses Buch bietet den Lesern nun dazu eine faktengeleitete, differenzierte und reflektierte Zusammenschau.

Zu den Beiträgen dieses Buches

Der Band definiert, analysiert und diskutiert Mahlzeiten im Hinblick auf eine sich wandelnde Alltagspraxis, veränderte gesellschaftliche Strukturen und Zuständigkeiten sowie auf die damit verbundenen Rahmenbedingungen. Er nimmt die Familienmahlzeit als Ganzes in den Fokus, ebenso wie die Mahlzeitensituation von Kindern und Jugendlichen. Von den drei klassischen Hauptmahlzeiten macht er den Sonderstatus des Frühstücks deutlich, behandelt das Mittagessen unter dem Aspekt sich verändernder Verantwortung und belegt die Bedeutung des Abendessens als Hauptort der sozialen Kommunikation. Schließlich widmen sich einige Beiträge auch den Schulmahlzeiten – ganz konkret und praktisch –, denn hier besteht nicht nur aufgrund großer gesellschaftlicher Relevanz akuter Handlungsbedarf.

Was ist eigentlich eine Mahlzeit, haben sich zahlreiche Wissenschaftler gefragt. Was charakterisiert sie? Welche Kriterien sind zwingend, welche eher optional, damit eine Mahlzeit als Mahlzeit gilt? Was denken Menschen über Mahlzeiten? Was drücken sie mit der Gestaltung und Durchführung ihrer Mahlzeiten symbolisch aus? Einige Antworten liefern ausgewählte, grundlegende Theorien zur Mahlzeit – von Georg Simmel, Günter Wiegelmann, Ulrich Tolksdorf und Eva Barlösius sowie von der Britin Mary Douglas –, welche die deutschen Fachdiskussionen geprägt haben. Die hier getroffene Auswahl begründet sich mit ihrer Bedeutung für die wissenschaftliche Diskussion im deutschsprachigen Raum. Für die Lesenden erübrigt sich damit in keinem Fall die Beschäftigung mit den Originaltexten. Vielmehr dient dieser Einstieg dazu, die nachfolgenden Beiträge besser einordnen zu können.

„Kochen ist Liebe und Liebe geht durch den Magen. All das wird kultiviert in der Mahlzeit." So grundlegend beginnt dann auch die Professorin für Ernährungs- und Verbraucherbildung, Dr. Kirsten Schlegel-Matthies aus Paderborn. Sie zeigt auf, dass die Familienmahlzeit heute nach wie vor als Sinnbild der Kleinfamilie und als Zeichen der Fürsorge der Mutter gilt. Doch in der „guten alten Zeit" waren Mahlzeiten bei Weitem nicht für alle am Tisch angenehm und harmonisch, sondern aufgrund strenger Regeln und Sanktionen durchaus ein Ort von Spannungen. Den Rückgang und die Veränderung der Familienmahlzeit heute als Indiz für das Verschwinden der funktionsfähigen Familie zu werten, greift ihrer Meinung nach zu kurz. Auf diese Weise, so Schlegel-Matthies, entstehe ein unangemessen großer Anforderungsdruck auf Familien und insbesondere auf Frauen. Zugleich würde dadurch eine sachliche Diskussion über Mahlzeiten in anderen Settings, wie zum Beispiel über Schulmahlzeiten behindert.

Verschwindet die Familienmahlzeit wirklich? Welche alternativen Formen haben sich dazu entwickelt? Und wohin geht es in Zukunft? Damit befasst sich Dr. Gesa Schönberger, Geschäftsführerin der Dr. Rainer Wild-Stiftung, Heidelberg. Fakt ist, dass das, was die Menschen (derzeit) als „richtige" Mahlzeiten verstehen, immer seltener wird. „Richtige" Mahlzeiten finden am ehesten an Wochenenden und zu Festtagen statt. Mahlzeiten mit drei oder mehr Gängen bleiben inzwischen der Zubereitung außer Haus vorbehalten. Als Gründe für diese Veränderungen diskutiert sie zum Beispiel die moderne Mobilität und die allgemeine Zeitknappheit. Schönberger fordert „neue Versorgungsformen zu entwickeln und zu erproben, die der Realität der Haushalte entgegenkommen und diese im Alltag entlasten".

Die Mahlzeit gilt als einziges Alltagsritual und steht an zweiter Stelle der typischen Rituale innerhalb von Familien, so das Ergebnis einer Berliner Studie, von der die Pädagogin und Soziologin Dr. Kathrin Audehm berichtet. Mit dem Ziel, das Tischritual und seine Qualität als pädagogisches Handlungsfeld zu beschreiben, hat sie Familien beim Essen beobachtet. So beginnt beispielsweise eine der Familien stets erst dann mit dem Essen, wenn ritualisiert der fehlende Stuhl herangeholt wurde. Das Tischritual, so Audehm, spiegelt die gemeinsame Identität, die persönlichen Handlungsräume und das Autoritätsgefüge der Familie wider. Insofern besitzt die Familienmahlzeit eine eigene Ethik.

Welchen Wert Mahlzeiten nach wie vor im Sozialisationsprozess besitzen, zeigt die Gießener Ökotrophologin Dr. Sabine Schmidt auf: Mahlzeiten sind für Kinder die Zeit und der Ort, um das Essen zu lernen. Ein großer Teil dieses Lernens geschieht durch Nachahmung. Deshalb spielen die kulturelle Umgebung (was ist essbar, wie wird es zubereitet und verzehrt?), Vorbilder und Interaktionen beim Essen eine große Rolle. Schmidt geht besonders auf Strategien der Ernährungserziehung von Eltern, wie Restriktion, Kontrolle, Verpflichtung, Belohnung und Bestrafung ein und bewertet diese nach anerkannten wissenschaftlichen Ergebnissen. Ihr Fazit: Eltern sollten ihre Vorbildfunktion bewusst wahrnehmen, klare Werte vorleben und die nötige Portion Gelassenheit mitbringen.

Bei Jugendlichen sind diese Lernprozesse weitgehend abgeschlossen. In diesem Alter sind Mahlzeiten gleichbedeutend mit Familienleben, Familiennormalität und gemeinsamer Zeit miteinander, berichtet die Professorin für Ernährungs- und Haushaltswissenschaft, Dr. Silke Bartsch aus Karlsruhe. Das Wichtigste ist dabei nicht das Essen, sondern häufig das Gespräch bei Tisch. Dies trifft, wie Bartsch zeigt, auf Jugendliche aus allen Schulzweigen zu. Sie sind also nicht die treibende Kraft dafür, dass sich Familienmahlzeiten auflösen. Vielmehr diskutiert Bartsch veränderte Eltern-Kind-Rollen in einem toleranten Erziehungsumfeld und einem

Familienleben mit individualisierter (Selbst-)Versorgung durch vorgefertigte Produkte. Sie plädiert dafür, Jugendliche stärker in die Gestaltung von Mahlzeiten einzubeziehen und ihnen damit Erfahrungsräume zur Entwicklung eigener Kompetenzen zu eröffnen.

Mit dem Frühstück, einer immer wieder als problematisch diskutierten Mahlzeit bei Kindern und Jugendlichen, beschäftigen sich Dr. Ute Alexy und Prof. Dr. Mathilde Kersting vom Dortmunder Forschungsinstitut für Kinderernährung (FKE). Unter der Annahme, dass ein regelmäßiges Frühstück vorteilhaft ist, zeigen sie auf, dass Kinder und Jugendliche mit zunehmendem Alter immer seltener frühstücken. „Dieses ungünstige Frühstücksverhalten ist auch mit anderen ungünstigen Gesundheitsverhaltensmustern verbunden" und ist in sozial schwachen Familien häufiger vertreten als in anderen Gruppen. Auch die Geschlechter unterscheiden sich deutlich, denn Mädchen frühstücken seltener als Jungen. Als Maßnahme der Gesundheitsförderung befürworten die Autorinnen ein Frühstücksangebot in Kindergärten und Schulen für alle Kinder.

Da sich zwischen *Soll* und *Ist* eine große Kluft auftut, vor der besonders erwerbstätige Mütter stehen, haben die Gießener Professorinnen für Verbraucherforschung Dr. Ingrid-Ute Leonhäuser und Dr. Uta Meier-Gräwe mit ihren Mitarbeiterinnen diese Gruppe näher untersucht. Welche Mahlzeitenmuster, familieninternen Strukturen, Verantwortlichkeiten und Prozessabläufe sind bei erwerbstätigen Müttern zu beobachten und wie stark binden sie außerhäusliche Netzwerke ein? Die Autorinnen identifizieren sieben Ernährungsversorgungstypen mit einem breiten Spektrum unterschiedlicher Versorgungsarrangements. Die beruflichen und arbeitstechnischen Handlungsspielräume und Ressourcen der Mütter, aber auch ihre familiäre Situation und die eigenen Ernährungsleitbilder bestimmen, wie sie Mahlzeiten gestalten. Private und öffentliche Netzwerke sind je nach Typus unterschiedlich bedeutsam. Die Ergebnisse bilden erstmals eine empirische Grundlage dafür, wie Familien zu stärken sind und wie Kinder und Jugendliche zuhause und in öffentlichen Zusammenhängen eine gesundheitsförderliche Ernährung erhalten können.

Einer dieser öffentlichen Zusammenhänge ist die Schule, über die Nicole Schmitt von der Dr. Rainer Wild-Stiftung mit Dr. Ulla Simshäuser vom Studiengang Gesundheitsförderung der Pädagogischen Hochschule Heidelberg gesprochen hat. Im Prinzip, so Simshäuser, sei allen Beteiligten klar, dass Kinder im Alltag der Ganztagsschule Mahlzeiten brauchen, die bestimmten Qualitätskriterien entsprechen. Es geht jedoch nicht nur um das Essen, sondern auch um einen veränderten Bildungsauftrag der Schulen. Schulverpflegung ist damit Teil der Organisationsentwicklung der Schulen geworden und sagt etwas über deren Qualität aus. Simshäuser warnt davor, Schulverpflegung rein als sozial integratives Instrument zu sehen, das nur für arme und bildungsferne Schichten erzieherischen Wert besitzt und damit Teil der Schulsozialarbeit ist. Vielmehr müssen die Mahlzeiten in Schulen allen Kindern zugänglich sein, für diese „gesundheitlich, kulturell und geschmacklich passen, Spaß machen" und dürfen obendrein weder Mensch noch Umwelt schaden.

Schulmahlzeiten gelingen nur, wenn sie für Kinder und Jugendliche attraktiv sind und diese sie langfristig annehmen, schließt sich die Professorin für Ernährungs- und Lebensmittelwissenschaften, Dr. Gertrud Winkler, aus Albstadt-Sigmaringen an. Schließlich ist eine regelmäßige Teilnahme Vieler Bedingung dafür, dass Schulmahlzeiten wirtschaftlich machbar sind. Was jedoch bedingt eine langfristige Zufriedenheit mit Mittagsmahlzeiten bei Kindern und Jugendlichen, Lehrkräften und Eltern? An den Bewirtschaftungsformen und Verpflegungssystemen liegt es nicht, zeigt eines ihrer Ergebnisse. Vielmehr stellt sie einen ganzen Katalog an Kriterien auf. So ist ein schülergerechtes Speisenangebot wichtig, ebenso eine positive Integration der Mahlzeiten in den Schulalltag, stimmige bauliche und zeitliche Rahmenbedingungen und die Atmosphäre beim Essen. Winkler weist schließlich nach, dass die Wahrscheinlichkeit für die Zufriedenheit mit den Schulmahlzeiten mit der Anzahl der berücksichtigten Kriterien steigt.

Dr. Ute Alexy, Dr. Kerstin Clausen und Prof. Dr. Mathilde Kersting vom FKE stellen ihr Konzept der Optimierten Mischkost (optimiX®) für die Ernährung von Kindern und Jugendlichen vor, das auch für Schulen und Kindertagesstätten gilt. Dieses Konzept enthält eine Checkliste für den Speiseplan von zwei Wochen. Die Autorinnen geben Beispiele für die Veränderung von Rezepten, mit dem Ziel, den Vollkorn- und Gemüseanteil anzuheben, den Fleischanteil zu senken und insgesamt mit weniger Fett auszukommen. Sie präsentieren Studien zur Optimierung von Speiseplänen, bei denen es das Ziel war, die Zufriedenheit der Schüler zu erhalten. Dabei gehen sie ganz alltagspraktisch auf Mengen und Auswahl von Lebensmitteln ein und geben praktische Tipps für die Veränderung des Speiseplans von Schulmensen.

Einen Einblick in die 2007 von der Deutschen Gesellschaft für Ernährung entwickelten Qualitätsstandards für die Schulverpflegung – auf die sich alle drei zuletzt genannten Beiträge beziehen – bietet schließlich die Gesundheits- und Ernährungswissenschaftlerin Kristin Pelz und rundet damit die Beiträge zum Mahlzeitenangebot in der Schule ab.

Anlass und Dank

Dieser Band basiert auf dem zwölften Heidelberger Ernährungsforum, das im September 2008 stattfand und dem fachlichen Austausch und der Weiterbildung von Ernährungsfachleuten, Beratern, Lehrkräften und anderen Multiplikatoren diente. Die lebhaften Diskussionen beim Forum haben die Dr. Rainer Wild-Stiftung darin bestärkt, die Beiträge in diesem Band einem größeren Publikum zugänglich zu machen.

Unser größter Dank gilt allen Autorinnen, die sich auf eine Überarbeitung ihrer Beiträge eingelassen haben. Ein ebenso großer Dank geht an den VS Verlag für die Übernahme des Manuskriptes in seine Buchreihe. Nicole Schmitt und Claudia Schubert danken wir herzlich für die redaktionelle Bearbeitung.

Die Mahlzeit – so alltäglich und banal, so komplex und bedeutsam wie sie ist – zum Thema eines Buches zu machen, ist nach wie vor unüblich. Deshalb wünschen wir uns, dass dieser Band die wissenschaftlichen und fachpraktischen Diskussionen anregt. Wir wünschen uns auch, dass mit den Beiträgen gearbeitet wird und wir ein Feedback bekommen, wo immer es sinnvoll erscheint.

Denn eines ist sicher: Abschaffen lässt sich die Mahlzeit nicht. Es liegt vielmehr in unserer Hand, sie aktiv und sinnvoll zu gestalten, im privaten wie im öffentlichen Raum.

Heidelberg im Januar 2011

Meier, U.: Zeitbudget, Mahlzeitenmuster und Ernährungsstile. In: DGE – Deutsche Gesellschaft für Ernährung (Hg.): Ernährungsbericht 2004. Bonn 2004, S. 72–94.
Meiselman, H. L. (ed.): Dimensions of the meal. Aspen 2000.
Meiselman, H. L. (ed.): Meals in science and practice. Woodhead 2009.
Wirz, A.: Die Moral auf dem Teller. Zürich 1993.

I Mahlzeiten

Die Mahlzeit und ihre soziale Bedeutung: Simmel, Wiegelmann, Douglas, Tolksdorf, Barlösius

Gesa Schönberger[1]

Essen geschieht mehrfach täglich und meist im Rahmen einer Mahlzeit. Die überwiegende Zahl der Mahlzeiten findet im Alltag statt und unterliegt starker Routine. Seltener gibt es besondere Anlässe, zum Beispiel religiöse oder familiäre Feste, die einen höheren Aufwand und einen speziellen Ablauf rechtfertigen. Doch ganz gleich ob Alltag oder Festtag – in allen Fällen folgen Mahlzeiten unausgesprochenen Regeln, die die Vorbereitung und Durchführung ebenso bestimmen wie die zwischenmenschlichen Verhaltensweisen. So weit so gut. Doch was genau macht eine Mahlzeit aus und was unterscheidet sie beispielsweise von einem Snack zwischendurch? Die unserer Ansicht nach wichtigsten Theorien, die die Diskussionen über die Mahlzeit im deutschsprachigen Raum prägen, werden hier kurz vorgestellt: von dem Soziologen Georg Simmel, den Ethnologen Günter Wiegelmann und Ulrich Tolksdorf, der Soziologin und Ernährungswissenschaftlerin Eva Barlösius sowie der britischen Sozialanthropologin Mary Douglas.

Die Autoren haben je nach Fachdisziplin und dem zu ihrer Zeit aktuellen Stand der Wissenschaft unterschiedliche Blickwinkel und Zielsetzungen für ihre Analysen gewählt. Die jeweils vorherrschenden Bedingungen bilden den kulturellen und ideengeschichtlichen Rahmen, in dem die Vorstellungen davon variieren, was eine Mahlzeit ausmacht. Deshalb kann die Interpretation dessen, was Mahlzeit bedeutet, durchaus erheblich voneinander abweichen. Schließlich ist auch die Mahlzeit selbst immer einem Wandel ausgesetzt. Viele Regeln etwa, die heute für den gemeinsamen Verzehr von Speisen gelten, waren früher wesentlich strenger, als dies heute der Fall ist.

Die vorgestellten Theorien ergeben zusammen ein komplexes Bild von der Mahlzeit als Regelsystem, als gesellschaftliche Institution und als Ort und Zeit des menschlichen Miteinanders. Der Frage, welche Elemente eine Mahlzeit zu einer Mahlzeit machen, stellt sich Douglas. Wiegelmann und Tolksdorf betrachten die Mahlzeit als Grundeinheit des Speisenverzehrs, die in jeder Kultur existiert. Barlösius wie auch Simmel wiederum betonen die vergemeinschaftende Funktion der Mahlzeit innerhalb einer Gesellschaft.

---

[1] Unter Mitarbeit von Stephanie Baum und Kristin Pelz.

Selbstverständlich ersetzen diese Kurzfassungen nicht die Beschäftigung mit den Originaltexten. Sie sind auch nicht als ausführliche wissenschaftliche Auseinandersetzung mit den vorgestellten Theorien gedacht, auch wenn das ein lohnenswertes Unterfangen wäre. Die Kurzfassungen bieten vielmehr einen Einstieg in die Thematik und eine erste Orientierung, nicht zuletzt auch deshalb weil sich die Autorinnen dieses Buches immer wieder auf sie beziehen.

Georg Simmel: Die Mahlzeit als Überwindung des Naturalismus

Für den Soziologen Georg Simmel ist Essen ein „Ereignis von physiologischer Primitivität – eine niedere Angelegenheit. Alle Menschen haben gemeinsam, dass sie Essen und Trinken müssen. Für Simmel stellt diese Gemeinsamkeit „[…] das Egoistischste, am unbedingtesten und unmittelbarsten auf das Individuum Beschränkte […]" (Simmel 1910, S. 1) dar – das, was ein Mensch isst, kann unter keinen Umständen ein anderer essen. Für ihn ist die Mahlzeit stets ein Essen in Gesellschaft. Demnach geht von ihr eine stark sozialisierende Kraft aus, denn selbst Personen mit unterschiedlichen Interessen können beim gemeinsamen Mahl zusammenfinden.

Simmel argumentiert wie folgt: In dem Moment, wo Essen in Form einer Mahlzeit eine soziale Angelegenheit wird, unterliegt sie Regeln zum Ablauf, zu ihrer Gestaltung und zum Verhalten der Teilnehmer. Simmel nennt das „überindividuelle Regulierung". Diese überindividuelle Regulierung zeigt sich auch in der Regelmäßigkeit von Mahlzeiten. Ein definierter Kreis an Personen trifft sich zu einer bestimmten Zeit, an einem festen Ort, um gemeinsam zu speisen. Während der Mahlzeit herrscht eine klare hierarchische Reihenfolge beim Darreichen der Speisen. Andere formale Normen wie Tischregeln sorgen für das „richtige" Verhalten der Teilnehmer. Alle diese Vorgaben dienen dazu, die Mahlzeit über die Bedürfnisse des Einzelnen zu stellen.

Im Zuge der Sozialisierung der Mahlzeit kommt es nach Simmel zu einer ästhetischen Stilisierung. Das heißt, Essen dient nicht mehr ausschließlich der Sättigung, sondern auch der Befriedigung ästhetischer Bedürfnisse. Er führt als Beispiele das Aussehen des Tafelsilbers und der Speisen sowie die räumlichen Gegebenheiten an. Die Anordnung des Bestecks, des Geschirrs und der Speisen sollte den Prinzipien der Symmetrie folgen. Die Gesellschaft seiner Zeit legte Wert auf gedeckte Farben, klare Formen und Symbole. Jedoch sollte der gedeckte Tisch nicht wie ein geschlossenes Kunstwerk wirken, sondern zum gemeinsamen Speisen einladen. Und es gilt: „Im Essen individuell zu sein, […], wäre völlig deplaciert, […]." (Simmel 1910, S. 6)

Diese Regel setzt sich auch in der Tischunterhaltung fort, die angemessen sein muss und nicht über allgemeine Themen hinausreichen oder gar ins Intime abdriften darf. Simmel merkt an, je höher die Klasse ist, desto stärker und verfeinerter sind diese Regeln – die Mahlzeit erscheint dann „überreguliert". Dies kommt beispielsweise in den Regeln zum Halten von Messer und Gabel oder auch der Regulierung der „Essgebärden" zum Ausdruck. Er beschreibt die Essgebärden der „Ungebildeten" als hart und ungelenk, jedoch ohne eine überpersönliche Reguliertheit. Im Gegensatz dazu wirken die Essgebärden der „Gebildeten" stärker kontrolliert.

Für Simmel besitzt die Mahlzeit eine stark sozialisierende Kraft. Je stärker diese ist, desto stilisierter, ästhetischer und überindividuell regulierter läuft die Mahlzeit ab.

Zur Person

Georg Simmel, Prof. Dr. (1858–1918), war ein deutscher Soziologe und Philosoph. Im 20. Jahrhundert trug er entscheidend zur Herausbildung der Soziologie als eigenständige Wissenschaft bei. Er gründete unter anderem mit Ferdinand Tönnies, Max Weber und Werner Sombart 1909 die Deutsche Gesellschaft für Soziologie. Obwohl sich Simmel nur in seinem Beitrag zum Berliner Tageblatt aus dem Jahr 1910 explizit mit der Mahlzeit befasst, nutzen viele Wissenschaftler diesen Text als Ausgangspunkt für die Definition von Mahlzeit.

Literatur

Simmel, G.: Soziologie der Mahlzeit. In: Der Zeitgeist. Beiblatt zum Berliner Tageblatt Nr. 41, 10. Oktober 1910, S. 1–7. Online: http://socio.ch/sim/mahl10.htm, Stand: 13.10.2010.

Günter Wiegelmann: Die Mahlzeit als zentrale Einheit ethnologischer Nahrungsforschung

Der Volkskundler Günter Wiegelmann schlägt vor, die Mahlzeit als Grundeinheit zu betrachten und somit als elementare Einheit der Ethnologie. Er begründet das damit, dass die Mahlzeit alle ethnologisch wichtigen Aspekte der Nahrungsforschung bündelt.

Unter Mahlzeit versteht Wiegelmann jede Esssituation. Sie kann als Grundeinheit betrachtet werden, weil sie universal ist. Das heißt, sie ist zeitlich, sozial und räumlich gleichermaßen verbreitet und somit (im Gegensatz zur Speise) beobachtbar und analysierbar. Die Betrachtung von Speisen wird für ihn erst dann ethnologisch interessant, wenn sie in den Kontext von Mahlzeiten gesetzt werden. Daher ist es für ihn wichtig, zu welchen Gelegenheiten und Anlässen Speisen verzehrt werden. Er unterscheidet deshalb auch Alltags- und Festspeisen und erforscht diese in ihrer Unterschiedlichkeit und zugleich in ihrer Wechselwirkung.

Mahlzeiten, so Wiegelmann, stehen stets im Zusammenhang mit anderen Mahlzeiten des Tages, der Woche oder des Jahres – und fordern somit fortwährend eine ganzheitliche Betrachtung. Alle Mahlzeiten gemeinsam betrachtet ergeben eine Mahlzeitenordnung. Diese wiederum bildet einen „wichtigen Strang des allgemeinen Lebensrhythmus" (Wiegelmann 1988, S. 27). Wiegelmann spricht auch von einem Mahlzeitensystem, das von verschiedenen Faktoren in einem komplizierten Geflecht beeinflusst wird. Zu diesen Faktoren gehören neben der Mahlzeitenordnung vor allem die Art und Zahl der Speisen, die Speisenfolge, Tisch- und Esssitten, der Zeitpunkt und die Dauer der Mahlzeit sowie deren Benennung.

So wie Nahrung für Mediziner ein Gesundheitsgut und für Ökonomen ein Handelsgut ist, ist sie für den Ethnologen ein Kulturgut. Mahlzeiten sind deshalb ein elementarer Teil der Kultur. Wiegelmann weist darauf hin, dass die Mahlzeit mit den kulturellen Systemen verflochten ist – zum Beispiel innerhalb der Mahlzeitenordnung und des übergeordneten Lebensrhythmus.

„Die Mahlzeit erfüllt alle Bedingungen, die man an eine Grundeinheit stellen kann: Sie ist zu allen Zeiten und in allen Sozialgruppen gleichermaßen vorhanden, sie ist den generellen Zielen der Disziplin [das heißt der Ethnologie; Anm. der Verfasserin] zugeordnet, fordert geradezu abstrahierende Betrachtung, sie bietet durch die Nähe zum Lebensrhythmus vielfache Querbezüge zu anderen Sachbereichen des Lebens und wirkt daher für die Disziplin integrierend." (Wiegelmann 1988, S. 29)

Zur Person

Günter Wiegelmann, Prof. Dr. Dr. h. c. (1928–2008), war deutscher Ethnologe und lehrte an den Universitäten Bonn, Mainz und Münster. Gemeinsam mit dem Wirtschafts- und Sozialhistoriker Hans-Jürgen Teuteberg hat er in der Nachkriegszeit den Begriff „Nahrungsforschung" in der deutschen Volkskunde eingeführt und sich sein ganzes Leben lang mit diesem Thema befasst. Ein Schwerpunkt seiner Studien waren die regionalen Speisen und Nahrungsgewohnheiten vom späten Mittelalter bis ins 20. Jahrhundert. Mit „Alltags- und Festspeisen. Wandel und gegenwärtige Stellung" aus dem Jahre 1967 legte er einen Grundstein für die ethnologische Nahrungsforschung, der über die Grenzen Europas hinaus Beachtung fand (Wiegelmann 1967).

Literatur

Wiegelmann, G.: Alltags- und Festspeisen. Wandel und gegenwärtige Stellung. Beiheft 1 zum Atlas der Deutschen Volkskunde, Marburg 1967.
Wiegelmann, G.: Was ist der spezielle Aspekt ethnologischer Nahrungsforschung? In: Teuteberg, H.-J.; Wiegelmann, G. (Hg.): Unsere tägliche Kost. Geschichte und regionale Prägung. Münster 1988, S. 21–31. (Überarbeitete Version des ursprünglich publizierten Aufsatzes von 1971.)

Mary Douglas: Die Struktur der Mahlzeit entschlüsseln

Die Anthropologin Mary Douglas geht der Frage nach, was eine Mahlzeit ausmacht. Sie zeigt auf, welche Elemente eine Mahlzeit unbedingt beinhalten muss, um als solche anerkannt zu werden. Sie versteht das Essen als einen Code, der soziale Beziehungen widerspiegelt.

Beim Essen werden nach Douglas beispielsweise Unterschiede in der Hierarchie oder Intimität ausgedrückt. Die Mahlzeit wirkt als Ausdruck enger Bindungen. Getränke kann man auch mit Fremden teilen, sie bedürfen keiner besonderen Ordnung. Eine Mahlzeit hingegen wird nur im engeren Kreis eingenommen, sie läuft wesentlich strukturierter ab.

Die Mahlzeit markiert Grenzen des sozial Erwünschten und lässt Grenzüberschreitungen erkennbar werden. Douglas überlegt, was wäre, wenn eine Mahlzeit nur aus Suppe bestehen würde. „What sort of a meal is that? A beginning and an end and no middle." (Douglas 1972, S. 61) Um als Mahlzeit gelten zu können, müssen die einzelnen Bestandteile folglich einem bestimmten Muster folgen.

Ein gutes Mahl sollte möglichst vielfältig zusammengesetzt sein. Dies beinhaltet eine abwechslungsreiche Aufeinanderfolge kalter und warmer Gerichte, eine abgestimmte Zusammenstellung würziger und neutraler Komponenten sowie eine Kombination möglichst vieler verschiedener Texturen.

Für Douglas besteht die Mahlzeit in ihrer Grundstruktur aus der Kombination einer Haupt- und zwei Nebenkomponenten. Diese Struktur findet sich etwa in der Dreiteilung eines Menüs in Haupt- sowie Vor- und Nachspeise wieder. Auch innerhalb der einzelnen Gänge ist sie zu erkennen, beispielsweise indem Fleisch mit Gemüse und Reis kombiniert wird. Diese Grundstruktur kommt laut Douglas innerhalb von bestimmten gesellschaftlichen Gruppen immer wieder vor, doch sie variiert abhängig von Ort, Zeit und sozialer Klasse.

Douglas beschreibt auch eine systematische Beziehung zwischen Mahlzeitenabläufen und verschiedenen Essanlässen. Jede Mahlzeit eines Tages, einer Woche oder eines Jahres unterliegt speziellen Mustern und Ordnungen. Besonderen Gelegenheiten wie Hochzeiten und Geburtstagen, aber auch der Fastenzeit sind bestimmte Speisen und Speisenabfolgen fest zugeordnet. Strukturelle Grundbedingungen für das Gelingen einer Mahlzeit sind ein Tisch und eine bestimmte Sitzordnung, außerdem sollte niemand den Tisch vorab verlassen oder andere Tätigkeiten ausführen.

Die Mahlzeit repräsentiert für Douglas somit ein geordnetes System. Die sich wiederholenden ähnlichen Zusammensetzungen sorgen dafür, dass bei jeder Mahlzeit etwas von der Bedeutung anderer Mahlzeiten mitschwingt.

Zur Person

Mary Douglas, Prof. Ph. D. (1921–2007), war eine britische Sozialanthropologin. Vor allem für die beiden Werke „Purity and Danger" (1966) sowie „Natural Symbols" (1970) erhielt sie bis weit über die Grenzen ihres Fachgebiets hinaus große Anerkennung. Douglas lehrte lange Zeit in Großbritannien und in den USA. Sie erforschte das Verhältnis von Kultur und sozialem Handeln und befasste sich unter anderem mit Themen wie Konsum, Essen und Ritualen.

Literatur

Douglas, M.: Deciphering a meal. Daedalus 101 (1), Myth, Symbol and Culture, 1972, S. 61–81.

Ulrich Tolksdorf: Determinanten der Mahlzeit

Der Ethnologe Ulrich Tolksdorf baut auf die ersten Überlegungen Wiegelmanns auf, dass die Mahlzeit als Grundeinheit und Ausgangspunkt ethnologischer Betrachtungen anzusehen ist. Tolksdorf hat in seinem Aufsatz von 1976 ein Modell entwickelt, das die zahlreichen Faktoren darstellt, die eine Mahlzeit bestimmen.

Er versteht die Mahlzeit als „bündelnde Einheit des Ernährungssystems" (Tolksdorf 1988, S. 243). Tolksdorfs „Stammbaum"-Modell zerlegt die Mahlzeit als komplexe Grundeinheit in verschiedene Elemente: Die Speise an sich und die

Speisensituation sind die beiden Hauptkonstituenten. Die Speise, also was und wie zubereitet/gegessen wird, wird durch die Nahrungsmittel und die (Zubereitungs-)Techniken definiert, die der jeweiligen Kultur zur Verfügung stehen. Die Speisensituation wird dagegen bestimmt durch die soziale Situation, durch die soziale Zeit und den sozialen Raum. Das heißt, sie ist an die Zeit gebunden, in der wir Essen zu uns nehmen, ebenso an den Ort, an dem wir dies tun, sowie an deren soziale Wertigkeit.

Mahlzeiten sind soziale Situationen. Neben dem Stillen von Hunger und Durst unterliegen Mahlzeiten nach Tolksdorf verschiedenen sozialen Bedürfnisdimensionen. Es gelten zahlreiche gesellschaftliche Vorschriften und Regelsysteme, zum Beispiel Sitzordnungen, Tischsitten, Tischgespräche und Vorgaben zum gedeckten Tisch. Heute sind die Regeln, die die Mahlzeitensituation bestimmen, „moderner" geworden und nicht mehr wie in früheren Zeiten stark von Religion und Stand geprägt. Es ist ein Prozess der „Informalisierung" (Tolksdorf 1988, S. 250) zu beobachten, durch den auch beim Essverhalten allgemeine Verhaltensvorschriften gelockert werden.

Abschließend fasst Tolksdorf zusammen, „[...] daß in der Gegenwart eine allgemeingültige gesellschaftliche Normierung der Mahlzeiten nicht mehr verbindlich erscheint, sondern daß eine Vielzahl von Mahlzeitensystemen von verschiedenen Gruppen in verschiedenen sozialen Situationen praktizierbar ist" (Tolksdorf 1988, S. 250). Daher sollte heute in der ethnologischen Nahrungsforschung jede spezielle Verzehr-Situation gesondert analysiert werden.

Zur Person

Ulrich Tolksdorf, Prof. Dr. (1938–1992), deutscher Ethnologe und Germanist, lehrte und arbeitete an der Universität Kiel. Tolksdorf beschäftigte sich besonders mit der Volkskunde Ostdeutschlands, mit Erzähl- und Integrationsforschung. Neben Wiegelmann war er einer der Wissenschaftler, die die ethnologische Nahrungsforschung maßgeblich geprägt haben.

Literatur

Tolksdorf, U.: Nahrungsforschung. In: Brednich, R. W. (Hg.): Grundriß der Volkskunde. Einführung in die Forschungsfelder der Europäischen Ethnologie, 3. Auflage. Berlin 2001, S. 239–254.

Tolksdorf, U.: Strukturalistische Nahrungsforschung. Versuch eines generellen Ansatzes. Ethnologica Europea 9, 1976, S. 64–85.

Eva Barlösius: Die Mahlzeit als Mittel der Vergemeinschaftung und sozialen Distinktion

Nach Barlösius ist die Mahlzeit eine soziale Institution, die „[...] Gleichheit, Gemeinschaft und Zugehörigkeit symbolisiert" (Barlösius 1999, S. 166). Keine andere Institution verbindet Menschen so stark wie die des gemeinsamen Tisches. „Durch die Teilnahme an einer Mahlzeit, das Teilen der Nahrung, wird man Mitglied einer Gemeinschaft." (Barlösius 1999, S. 165) Gleichzeitig konnte sie am Beispiel der Verfeinerung und Stilisierung von Mahlzeiten die Prozesse der sozialen Distinktion und kulturellen Differenzierung zeigen.

Laut Barlösius gibt es drei Gründe, um das Essen als soziale Institution zu gestalten: Erstens, um die physischen Bedürfnisse sozial zu normieren – die Maßregelung; zweitens, um das gemeinsam Erwirtschaftete zusammen zu verzehren – die Notwendigkeit. Und drittens, um über die Befriedigung der physischen Bedürfnisse hinauszugehen und das Verhalten bei Tisch zu verfeinern – die Stilisierung. Für Erklärungen zum letztgenannten Grund siehe oben bei Simmel.

Unter Berücksichtigung der Zeitdimension meint Mahlzeit „die Stunden, zu denen man sich zu Tisch setzt, und die Dauer, die man dem Essen widmet" (Barlösius 1999, S. 180). Erst im 19. Jahrhundert hat sich in den mitteleuropäischen Ländern ein Standardmodell herausgebildet – drei Mahlzeiten, morgens, mittags und abends, wurden üblich. Dieser Mahlzeitenrhythmus findet sich heute, mehr oder weniger variiert, in allen sozialen Gruppen wieder.

Barlösius stellt die Unterscheidung Max Webers (1864–1920) in alltägliche und außeralltägliche Mahlzeiten vor. Erstere dienen dem Zweck, das Nahrungsbedürfnis zu befriedigen, wohingegen die Außeralltäglichen genutzt werden, um Gemeinschaften herzustellen, die über die ursprüngliche Tischgemeinschaft hinausgehen. Das wohl bekannteste Beispiel für alltägliche Mahlzeiten ist das gemeinsame Mahl mit der Familie. Familien nutzen dabei die Mahlzeit, um Gemeinschaft zu schaffen und sich im Tischgespräch über die Geschehnisse des Alltags auszutauschen. Religiöse Mahlzeiten, Friedens- und Vertragsmahlzeiten, exklusive Mahlzeiten sowie festlich, private Mahlzeiten zählen hingegen zu den Außeralltäglichen. Bei ihnen stehen vorwiegend soziale Absichten und Anlässe im Vordergrund.

Zusammenfassend lässt sich sagen, dass die Mahlzeit nach Barlösius sowohl ein Mittel zur Vergemeinschaftung als auch zur sozialen Distinktion ist.

Zur Person

Eva Barlösius, Prof. Dr. (*1959), ist eine deutsche Soziologin und Ernährungswissenschaftlerin. Derzeit hat sie die Professur für Soziologie des Instituts für Soziologie und Sozialpsychologie an der Leibnitz Universität Hannover inne. Ihre Arbeitsschwerpunkte umfassen Kultursoziologie, Allgemeine Soziologie, Ungleichheitsforschung sowie Agrar- und Ernährungssoziologie.

Literatur

Barlösius, E.: Soziologie des Essens: eine sozial- und kulturwissenschaftliche Einführung in die Ernährungsforschung. Weinheim/München 1999.

Mahlzeit im Wandel – die Entideologisierung einer Institution

Kirsten Schlegel-Matthies

Seit etwa vier bis fünf Jahren erfolgt in Politik und Medien, zwischen Eltern und Schulträgern eine Diskussion um die Mittagsverpflegung in Ganztagsschulen. Das hat dazu geführt, dass die Funktion von Mahlzeiten neu überdacht wird. Es handelt sich dabei um ein sehr emotionales Thema mit Auseinandersetzungen insbesondere zwischen Eltern, Schulträgern und -leitungen. Manche sehen in der Schulverpflegung einen „Segen", andere betrachten sie jedoch eher als einen „Fluch", da gerade der Familienmahlzeit eine besondere Bedeutung zukommt. Durch den vermeintlichen Verlust familiärer Strukturen nehmen sie die mittägliche Schulverpflegung als das Ende des Familienlebens wahr, der gemeinsamen Mahlzeit.

Der folgende Beitrag widmet sich der Institution Mahlzeit und analysiert ihre heutige Bedeutung für den familialen Zusammenhalt. Es wird der Frage nachgegangen, inwieweit noch immer ein sehr traditionelles, teilweise ideologisches Leitbild der (Familien-)Mahlzeit in den Köpfen verankert ist und welche Auswirkungen dies auf die Sicherung und Gestaltung einer angemessenen Schulverpflegung hat.

Die Mahlzeit als soziale Institution

Soziale Institutionen[1] sind charakterisiert durch Habitualisierung und Standardisierung und haben in der Regel einen relativ geringen Grad der sozialen Verbindlichkeit. Dies gilt auch für die Mahlzeit (Barlösius 1999, S. 175 ff.).

Habitualisierung

Durch Habitualisierung ist eine Mahlzeit demnach eine soziale Institution. Das heißt, es gibt bestimmte Verhaltens- und Handlungsweisen, die uns zu Gewohn-

---

[1] Die folgenden Ausführungen beziehen sich weitgehend auf Barlösius 1999.

heiten werden und die andere von uns erwarten. Für Deutschland bedeutet dies beispielsweise, dass drei Hauptmahlzeiten als selbstverständlich gelten. Zudem besteht weitgehend Übereinstimmung hinsichtlich der entsprechenden Uhrzeiten: Zwischen sechs und acht Uhr findet in der Regel das Frühstück statt, zwischen zwölf und 14 Uhr das Mittag- und zwischen 18 und 20 Uhr das Abendessen. So ist beispielsweise in Betrieb, Arbeitsstätte oder Kantine mittags häufig der Gruß „Mahlzeit" zu hören.

Aber nicht nur die Zeiten sind allgemein habitualisiert. Es bestehen auch genaue Vorstellungen davon, was zu den jeweiligen Mahlzeiten auf den Tisch kommt und was nicht: In Deutschland gelten zum Frühstück Brot und Brötchen mit einem süßen oder herzhaften Belag sowie Heißgetränke wie Kaffee und Tee als „normal" und angemessen. Ein Teller Hühnersuppe – oder wie in Japan üblich Miso, Reis und Algen – wären dagegen absolut unpassend. Physiologisch gibt es keinen Grund für diese Festlegung der Speisen und Gerichte. Zum Mittagessen gehört in Deutschland „selbstverständlich" etwas Warmes wie eine Suppe oder ein Hauptgericht aus Fleisch, Kartoffeln und Gemüse – also ein „Proper Meal", wie es die britische Anthropologin Mary Douglas beschrieben hat (vgl. Douglas 1972). Wird sich nicht an diese Habitualisierung gehalten, zum Beispiel durch den Verzehr eines belegten Brötchens am Mittag, ist jedem bewusst, dass ein „richtiges" Mittagessen eigentlich anders aussieht. Ein weiteres Beispiel für die Habitualisierung ist das „Continental Breakfast", ein Frühstück, das die oben genannten Kriterien erfüllt und Hotels in ganz Europa anbieten.

Standardisierung

Eine Mahlzeit wird auch durch Standardisierung zu einer sozialen Institution. Das heißt, habitualisierte Verhaltens- und Handlungsweisen werden in Sozialisationsprozessen weitergegeben. Sie setzen dadurch eine Normierung in Gang. Von klein auf wird am gemeinsamen Familientisch erlernt, dass zum Beispiel beim Kauen der Mund zu schließen ist, um nicht zu schmatzen. Besteck und eine Serviette sind zu benutzen, die Arme nicht aufzustützen, die Suppe nicht zu schlürfen und vieles mehr. Bei Reisen ins Ausland haben diese Normen allerdings oft keine Gültigkeit mehr. So gilt es zum Beispiel in den USA als eher unhöflich, mit Messer und Gabel zu essen, beziehungsweise die linke Hand auf dem Tisch zu zeigen. Schlürfen oder Schmatzen beim Essen gelten in Asien als Zeichen, dass das Essen gerade besonders gut schmeckt.

Das Benehmen bei Tisch, die Gespräche während der Mahlzeit usw. sind weitere Bereiche, die gesellschaftlichen Übereinkünften unterliegen. Sie sind in zahlreichen Etikette- und Tischmanierenbüchern festgehalten. Insofern ist die

Behauptung der Standardisierung zunächst einsichtig. Daneben gibt es aber weitere nicht hinterfragte Setzungen, die oft nicht sichtbar sind und selten reflektiert werden. Der Grad der sozialen Verbindlichkeiten der oben beschriebenen Standards oder Normen ist relativ gering und auch Änderungen unterworfen. Im historischen Wandel gibt es hier durchaus Unterschiede. Dennoch bleibt festzuhalten, dass die Mahlzeit eine Institution ist. Darüber hinaus scheint ihr in Deutschland zum Teil eine größere symbolische Bedeutung als in anderen Ländern zuzukommen.

Die in Gang gesetzte Normierung wird zum Beispiel in den jeweiligen gesellschaftlichen Wertvorstellungen deutlich, die im Enkulturations- und Sozialisationsprozess[2] an die nachfolgenden Generationen weitergegeben werden. Dies gilt für alle Gesellschaften. Bezogen auf die Familienmahlzeit in Deutschland ist damit beispielsweise gemeint, dass unter einer „richtigen" Mahlzeit vielfach noch ein warmes Mittagessen verstanden wird, bestehend aus Suppe, Fleisch, Gemüse und Kartoffeln (und eventuell einem Nachtisch), gemeinsam eingenommen zwischen 12 und 14 Uhr (vgl. oben und Douglas 1972).

Die Mahlzeit als Grundeinheit

Die Mahlzeit ist in allen Gesellschaften vorzufinden, in denen soziale Strukturen vermittelt werden sowie Speise und Trank, Werthaltungen und Kommunikation institutionalisiert sind. Sie stellt damit eine Grundeinheit dar. Das verdeutlicht das „Darstellungsmodell der Mahlzeiten von Tolksdorf" (1975):

Mahlzeiten werden von Tolksdorf unterteilt in Speise(komplexe) und Verzehrsituationen. Zu jeder Speise gehören ein entsprechendes Nahrungsmittel und eine kulturelle Technik (mit der dieses zubereitet wird). Beide unterliegen gesellschaftlichen Wertvorstellungen. Das heißt, bestimmte Nahrungsmittel haben ein relativ gutes oder schlechtes Ansehen. Mit ihnen werden zum Beispiel bestimmte Werte verbunden, sie verschaffen Prestige und Geltung oder eben nicht.

Zur Verdeutlichung ein Beispiel: Kartoffeln lassen sich als Salz- oder Pellkartoffeln kochen, zu Herzogin-, Bratkartoffeln, Pommes frites, Püree, Gnocchi oder auch in Eintöpfen verarbeiten. Diese große Bandbreite an kulturellen Techniken und die damit verbundenen Wertungen der Speisen können sowohl sozial als auch geografisch unterschiedlich sein und verändern sich zudem im Zeitverlauf. So galten Pellkartoffeln bis weit in das 20. Jahrhundert hinein als „Arme-Leute-

---

[2] Unter Enkulturation und Sozialisation wird die Einführung in die jeweilige Kultur und Gesellschaft verstanden, also die Einführung der nachwachsenden Generation in die entsprechenden Sitten, Regeln und Verhaltensweisen zum Beispiel bei Tisch.

Abbildung 1 Darstellungsmodell Mahlzeit (nach Tolksdorf 1975, S. 289)

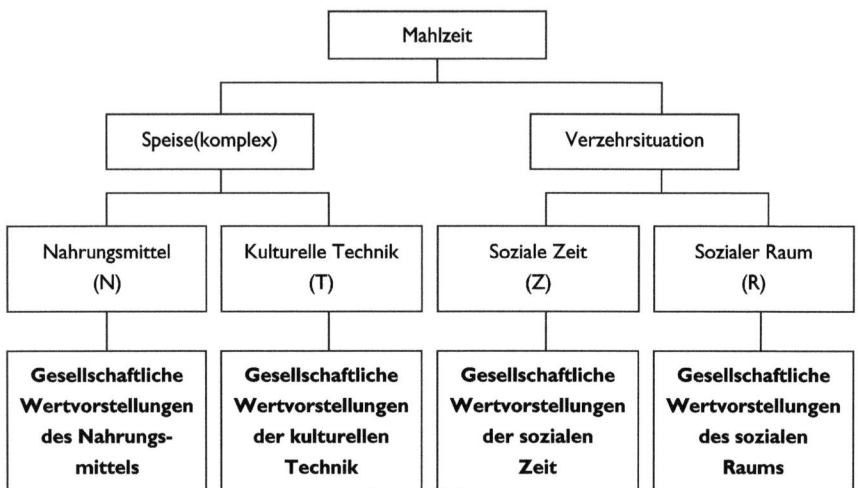

Essen". Heute sind sie wieder ein Gericht für Feinschmecker. Mit den Möglichkeiten des 19. Jahrhunderts erforderten verschiedene Zubereitungstechniken viel Zeit und Kompetenzen in der Küche. Deren Misslingen war entsprechend mit Kosten verbunden. Gerade solche Zubereitungstechniken, die besonders aufwändig und kompliziert waren, erfuhren deshalb lange Zeit eine große Wertschätzung (zum Beispiel Herzoginkartoffeln). Heute hingegen gelten sie angesichts der industriellen Produktion eher als alltäglich und verlieren damit auch an sozialem Ansehen. Tiefgekühlte Produkte sind für „jedermann" verfügbar und erfordern keinerlei Kompetenz, sondern oft nur einen Backofen oder eine Fritteuse.

Diese Wertvorstellungen wirken sich auch auf die von Tolksdorf eingeführte Verzehrsituation aus. Mahlzeiten bilden soziale Zeiten, die ebenfalls unterschiedlich bewertet sind. Ein Kartoffeleintopf wird zum Beispiel im Alltag gemeinsam mit der Familie gegessen und gilt hier als angemessen. Für Gäste oder an bestimmten Fest-/Feiertagen wäre dieses Gericht eher ungewöhnlich. Es werden aufwändigere Speisen und dementsprechend andere kulturelle Techniken erwartet: zum Beispiel ein Braten mit Kroketten und Beilagen.

Das Darstellungsmodell ermöglicht, mit bestimmten Kategorien auf Mahlzeiten zu schauen (welches Nahrungsmittel auf welche Weise für wen und wann zubereitet wird) und diese Betrachtung dann auf entsprechende Wertvorstellungen zu beziehen. Damit können beispielsweise Aussagen über das Prestige oder den Stellenwert von Speisen und Gerichten innerhalb des Gefüges einer Küche getroffen werden. Allerdings erklärt es nicht, was unter ihnen zu verstehen ist und wodurch sie sich von anderen ebenfalls alltäglichen Esssituationen unterscheiden (vgl. auch Barlösius 1999, S. 176). Nicht thematisiert wird die Frage, wer das Essen zubereitet. Wer ist diese Person, die die Suppe kocht oder das Grillfleisch verarbeitet? Und welche Bedeutung hat sie für die Mahlzeiten? Es fehlt außerdem der Aspekt, dass Mahlzeiten soziale Gemeinschaften darstellen, welche die teilnehmenden Personen verbinden beziehungsweise diejenigen ausgrenzen, die nicht teilnehmen (dürfen). Mahlzeiten gehen also über die Komponenten des Darstellungsmodells von Tolksdorf hinaus.

Zur sozialen Funktion von Mahlzeiten

Als soziale Situationen dienen Mahlzeiten immer auch der Integration und der Distinktion. Sie symbolisieren zum Beispiel gesellschaftliche oder gemeinschaftliche Hierarchien, also den Status: Wer bekommt was zu essen? Wie wird etwas serviert? Die Stellung am Tisch entspricht oft auch derjenigen innerhalb der sozialen Gemeinschaft beziehungsweise der (Tisch-)Gesellschaft.

Heute sehen Mahlzeiten zum Beispiel bei jungen Menschen wie folgt aus: Die Töpfe mit den zubereiteten Speisen und Gerichten stehen auf dem Tisch, daneben Flaschen und Tetra-Packs. Auf Geschirr wird damit ebenso verzichtet wie auf eine besondere Gestaltung der Tafel. Hier stehen andere Dinge im Mittelpunkt. Bei der Mahlzeit sind alle gleich. Niemand hat Vorrang oder ist besonders für die Gestaltung und Zubereitung verantwortlich.

Eine ganz andere Symbolik von Mahlzeit finden wir beispielsweise in einem Bild, welches das Krönungsmahl Kaiser Karls IV. zeigt. Er sitzt allein am Tisch, während ihm ausgewählte Speisen und Gerichte vorgelegt werden. Ähnliche Bilder sind in der Kunst vielfach zu finden. Der Herrscher sitzt entweder allein oder erhöht an der Tafel, wodurch sein besonderer Status und seine Herrschergewalt deutlich wird. Das Salzfass steht in seiner Nähe als Zeichen dafür, dass er dieses in früheren Zeiten kostbare Gut zuteilt.

Ein solches Krönungs- und Huldigungsmahl zielte vor allem auf die „Demonstration von Kontinuität und Legitimität von Herrschaft" ab (Ottomeyer 2002, S. 5). Öffentliche Mahlzeiten bei Hofe dienten in besonderer Weise der Darstellung von Rangverhältnissen. Niemand verstand dies besser zu inszenieren als Ludwig der XIV. von Frankreich. Bis zum Ende des „Ancien Régime" blieben sie eins der wirkungsvollsten Instrumente, um die Allmacht des französischen Königs zu demonstrieren. Den Teilnehmern der „öffentlichen Speisung" wurde ein besonderes Prestige zuerkannt durch die Vergabe von Ehrenämtern zur Bedienung des Fürsten. Der Gastgeber vermittelte sein Prestige hingegen durch Art,

Menge und Gestaltung des Mobiliars, des Dekors, Essbestecks und Geschirrs (vgl. Völkel 2002, S. 19).

Erst seit Mitte des 18. Jahrhunderts verringerten sich öffentliche Mahlzeiten zugunsten der privaten. Gleichzeitig ist eine Tendenz hin zur größeren und sozial heterogenen Tischgemeinschaft festzustellen. Auch die klassische bürgerliche Familie kennt eine Zuweisung von Prestige durch Essbesteck, Geschirr und Dekor. Das „gute" weiße Porzellan mit Goldrand, das Silberbesteck und die Kristallgläser zählten noch bis in die 1960er und 1970er Jahre zur Aussteuer (nicht nur) bürgerlicher Töchter. Prestige und Status erlangten auch die Teilnehmer dieser Mahlzeit. Hauptperson am Tisch war der Vater. Dieser durfte sich zuerst von den Speisen und Gerichten nehmen und bekam das größte oder einzige Stück Fleisch. Er ordnete an, ob am Tisch geredet werden durfte und bestimmte auch, ob die Kinder überhaupt bei der Mahlzeit anwesend sein durften.

Damit unterscheidet sich die „klassische" bürgerliche Familienmahlzeit deutlich von der heute oft noch vorherrschenden Vorstellung einer „idealen" Familienmahlzeit. Letztere beinhaltet im Allgemeinen eher die positiven Aspekte der familiären Gemeinschaft, der Weitergabe von Wertvorstellungen und der Demonstration familiärer Harmonie. In früheren Zeiten, zum Beispiel im 19. Jahrhundert, war es jedoch bei Weitem nicht für alle am Tisch so angenehm und harmonisch. Wenn die Kinder überhaupt dabei sein durften, mussten sie ständig Angst haben, sich falsch zu benehmen, unangenehm aufzufallen und bestraft zu werden. Heute befürchten eher die Eltern, den Nachwuchs mit zu vielen Regeln einzuschränken.[3] Festzuhalten bleibt, dass auch die (Familien-)Mahlzeiten der vermeintlich so „guten, alten Zeit" der Abgrenzung dienten. Es handelte sich um ein Herrschaftsgefüge, das Hierarchien in der Gesellschaft abbildete. Das verdeutlicht auch Heinrich Hoffmanns Geschichte vom „Zappel-Philipp" (1917). Sie veranschaulicht die Regeln des 19. Jahrhunderts sowie die jeweilige soziale Position der Familienmitglieder beim gemeinsamen Mahl.[4]

---

[3] Sprichwörter wie: „Kinder soll man sehen, aber nicht hören" oder „Solange du die Füße unter meinen Tisch stellst, machst du, was ich sage" sind heutigen Kindern und Jugendlichen weitgehend nicht mehr geläufig.
[4] Die psychologischen und pädagogischen Deutungen werden hier bewusst vernachlässigt.

Kochen ist Liebe – das traditionelle Leitbild der Familienmahlzeit

Die bisher genannten Aspekte der (Familien-)Mahlzeit werden um einen weiteren ergänzt, der in Abbildung 2 deutlich wird. Das Ideal der deutschen Familie[5] wird hier symbolisiert durch die gemeinsame Mahlzeit, zu der Vater und Kinder am Tisch sitzen. Sie warten, bis die Mutter die von ihr zubereiteten Speisen und Gerichte aufdeckt.[6] Das Essen steht dabei für die Liebe als Zeichen der (Für-)Sorge für die Familienangehörigen (vgl. Bock/Duden 1977). Die Suppe besitzt in diesem Klischeebild einen ganz besonderen Symbolwert: Mit einer großen Suppenkelle wird „aus dem Vollen geschöpft" und die Familie versorgt. Die Schürze der Mutter verweist zusätzlich darauf, dass die Zubereitung einer Mahlzeit Arbeit ist.

Abbildung 2   Kochen ist Liebe (Quelle: Eugenie Erlewein: Hauswirtschaftslehre der Neuzeit, Band 1, München 1939, S. 0)

---

[5] Hier geht es um das Familienideal wie es in der bürgerlichen (Ratgeber-)Literatur des 19. Jahrhunderts propagiert und dann in der Folgezeit im öffentlichen Bewusstsein wirkungsmächtig wurde (vgl. Schlegel-Matthies 1995).
[6] Vielfach zeigen Beobachtungen, dass auch heute – selbst wenn die Väter die Mahlzeit zubereiten – die Mutter das Essen austeilt beziehungsweise auf die Teller füllt. Untersuchungen gibt es nach Ansicht der Autorin dazu nicht.

Mahlzeiten werden geradezu als grundlegende Institutionen beschworen, durch die Familie erst hergestellt und/oder bewahrt werden kann.[7] Sie waren und sind Gegenstand von Bemühungen, mit denen versucht wird, Einfluss zu nehmen. Mahlzeit und Familie sind nicht erst in den letzten Jahren, sondern schon seit Mitte des 19. Jahrhunderts eng miteinander verbunden. „Verlustinterpretationen" wie die von Furtmayr-Schuh (1993) sind nicht neu. Je nach Blickwinkel wurde in den letzten 150 Jahren das Ende der Familienmahlzeit und damit der Familie überhaupt beklagt. Entweder wurde die Sozialisierung der Ernährung in Gemeinschaftsküchen (vor 1930) herbeigesehnt oder eine standardisierte Einheitsverpflegung nach amerikanischem Muster (Hamburger und Cola) befürchtet (vgl. Schlegel-Matthies 2002).

Offensichtlich lassen sich Mahlzeiten als der zentrale Anlass identifizieren, über den sich Familie bzw. ihre einzelnen Mitglieder mit ihren jeweiligen Rollen (Vater, Mutter, Kind) produzieren und reproduzieren. Vorgaben dafür werden immer geliefert, in unterschiedlicher Weise: Hauswirtschaftsunterricht für Arbeitermädchen im 19. Jahrhundert, Propagierung des Familienmahls in den Medien (zum Beispiel durch Werbung) usw.

Die Aktualität dieses Familien(mahlzeit)bildes wird anhand einer Werbung für Tiefkühlpizza deutlich, bei der Mutter und Tochter gemeinsam eine fertige Pizza aus dem Backofen holen. Die Handlung soll die liebevolle Zuwendung der Mutter vermitteln. Diese Aussage hat sich seit 1939 (vgl. Abbildung 2) nicht verändert: Kochen ist Liebe und Liebe geht durch den Magen. All das kultiviert die Mahlzeit: Sie wird mit Mühe und Liebe von der Mutter erstellt, Kindern und Mann serviert und macht alle glücklich. Werbung bildet dieses Ideal ab, das oftmals unhinterfragter Bestandteil gängiger Vorstellungen zur Familienmahlzeit ist.

Ähnlich geht es beispielsweise in der Werbung für ein Fertignudelgericht zu. Der Fernsehspot zeigt einen kleinen Jungen, der zum Essen gerufen wird und dann mit seiner Familie (Mutter, Vater und zwei Geschwistern) am Tisch sitzt und Nudeln isst. Auch hier ist das Idealbild präsent. Die Mutter hat mit Liebe gekocht, allerdings nicht wie früher aus frischen Produkten (vgl. auch Abbildung 2). Sie mischt nur noch die Tomatensoße aus verschiedenen Tüten zusammen. Sie trägt dazu auch keine Schürze mehr. Wie in vielen anderen Werbespots wird hier dennoch die Vorstellung genutzt und transportiert, dass Essen Familienzeit ist. Diese Herstellung von Familie wird als Aufgabe und Arbeit der Mutter verstanden. Auch daran scheint sich nichts geändert zu haben.

---

[7] Vgl. dazu zum Beispiel „Die Industrialisierung sägt am Familientisch" von A. Furtmayr-Schuh (1993), die durch den Prozess der Industrialisierung und Verstädterung das Ende der häuslichen Mahlgemeinschaft gekommen sieht.

Ist Mahlzeit Familienzeit?

Darüber lässt sich trefflich streiten. Insbesondere das gemeinsame häusliche Mittagessen als die „Hauptmahlzeit" findet so kaum noch statt. Kurze Mittagspausen und lange Wege zwischen Wohnung und Arbeitsplatz erlauben es häufig nicht, zum Essen nach Hause zu gehen. Unterschiedliche Zeitrhythmen erwerbstätiger Mütter und Väter sowie schulpflichtiger Kinder erschweren es zunehmend, gemeinsame Zeiten am Familientisch zu finden: Es wird nacheinander und nicht miteinander gegessen.[8] Familien treffen sich in der Woche häufiger zum Abendbrot als „Hauptmahlzeit". Das Essen wird dann genutzt, um zum gemeinsamen Fernsehprogramm zusammenzukommen.

Ein anderes, inzwischen alltägliches Bild sind Kinder und Jugendliche mit Chips oder Pizza vor dem Fernseher oder Computer. Häufig nehmen sie nach der Schule ihr vorgekochtes, in der Mikrowelle aufgewärmtes Mittagessen allein zu sich, da die Eltern erwerbstätig sind. Es wird in der Kantine, am Imbissstand oder schnell zwischendurch gegessen. Auch das sind Beispiele für Mahlzeiten, die heute den Alltag prägen.[9]

Gemeinsame Mahlzeiten setzen gemeinsame Zeiten der Familienangehörigen voraus, die jedoch nicht mehr selbstverständlich sind. Bereits in den 1970er Jahren saßen nur etwa 15 Prozent der Familien zu den drei Hauptmahlzeiten zusammen. Der Ernährungsbericht von 1976 stellte dazu fest, dass ca. 75 Prozent der Haushalte am Wochenende „wie in alten Zeiten alle drei Mahlzeiten" gemeinsam einnehmen (DGE 1976, S. 415). Das heißt, in der Bevölkerung war die Wertschätzung dieser Familienmahlzeiten sehr hoch. Sie waren aber schon damals nur schwer realisierbar und mussten auf die freien Zeiten am Wochenende, Abend usw. gelegt werden.

Auch zu Beginn der 1990er Jahre hat sich dieser Trend eher noch verstärkt (vgl. Tränkle 1992). Nur in ca. acht Prozent der Haushalte wurden alle drei Hauptmahlzeiten zusammen eingenommen. Gemeinsame Mahlzeiten, die dem zuvor skizzierten Ideal entsprechen, sind inzwischen eher die Ausnahme. Die Rahmenbedingungen erschweren es den Familien in Deutschland bzw. machen es ihnen unmöglich, täglich drei Mahlzeiten gemeinsam einzunehmen. Dennoch werden sie immer noch als Ideale propagiert. Es entsteht damit zusätzlicher Druck, will man den Anforderungen an eine „richtige" Familienmahlzeit und damit „richtige" Familie erfüllen.

---

[8] Das spiegelt sich auch in der Werbung für Convenience-Produkte wider.
[9] Ein amerikanisches Sprichwort gibt sehr prägnant die heutige Mahlzeitenrealität wieder: „Mahlzeiten sind diejenigen Tageszeiten, zu welchen sich die Kinder niedersetzen, wenn sie essen."

Von außen an die Familien herangetragene Zeitzwänge, wie zum Beispiel rigide Schul- und Arbeitszeiten, gesellschaftliche Verpflichtungen und Freizeitpläne, haben Mahlzeiten im Kern verändert. Darauf hat ebenfalls der Wandel der Haushalts- und Lebensformen einen Einfluss. Mütter sind nicht mehr in der Lage oder bereit, immer allein die Versorgung der Familienmitglieder zu übernehmen und die dafür notwendige Arbeit aufzubringen. Väter fühlen sich häufig für die tägliche Nahrungszubereitung nicht zuständig. Auf den Tisch kommen deshalb vermehrt zeit- und arbeitssparende Convenienceprodukte, die oft allein, während Fernseher oder Radio laufen, verzehrt werden: Kinder backen sich dazu nach der Schule eine Pizza auf, Singles erhitzen sich ein Tiefkühlfertiggericht in der Mikrowelle, Erwerbstätige wärmen sich nach der Arbeit ihr Essen auf usw.

Zugleich herrscht noch immer und in unterschiedlichsten Bereichen das Idealbild einer Familienmahlzeit vor und wird ideologisch überhöht. So wird zum Beispiel die Schulverpflegung in der politischen Auseinandersetzung um deren Einführung in Ganztagsschulen gelegentlich als Ende der Familie erklärt.[10] Diese Überfrachtung und Aufladung von (Familien-)Mahlzeiten mit Werten ist unangemessen und nicht zeitgemäß. Sie erhöht den Anforderungsdruck an diejenigen, die sich verantwortlich fühlen – also meist die Mütter.

Zusammenfassende Schlussfolgerungen

- Die Herstellung von Gemeinschaft in der Familie findet auch, aber eben nicht primär und ausschließlich, während der Mahlzeiten statt.
- Je weniger gemeinsame Mahlzeiten in den Familien zu finden sind, desto mehr werden sie als „(H)Ort der Familie" (Brombach 2000) beschworen und verklärt.
- Damit verbunden sind steigende Anforderungen und Erwartungen an die „besonderen" Mahlzeiten, die dann gemeinsam eingenommen werden.
- Die ideologische Überhöhung der Mahlzeit als alltägliche Inszenierung von Familie negiert und verschleiert, dass die Zubereitung von Mahlzeiten der Arbeit bedarf.
- Diese Arbeit wird noch immer überwiegend den Frauen zugeschrieben, von ihnen erwartet und auch weitgehend geleistet.
- Eine sachliche Diskussion, zum Beispiel über Verpflegungsangebote in Ganztagsschulen, Kindertagesstätten usw. wird dadurch zumindest erschwert.

---

[10] „Die Schulverpflegung bringt Eltern und Kinder auseinander und macht das Familienleben kaputt." So eine oft zu hörende Aussage zum Thema Schulverpflegung.

- Zugleich wird die Verantwortung für eine entsprechende Versorgung von Kindern und Jugendlichen in die Privatsphäre der Familie zurückgewiesen – bei gleichzeitiger Erhöhung des Anspruchsniveaus.

Etwas mehr Versachlichung und Gelassenheit sowie weniger Ideologie in der Diskussion sind damit angebracht. Eine Gesellschaft, die Gesundheit und Lernerfolge ihrer Kinder sicherstellen will, kann und darf sich nicht aus der Verantwortung stehlen und Anforderungen privatisieren.

Literatur

Barlösius, E.: Soziologie des Essens. Weinheim/München 1999.
Bock, G.; Duden, B.: Arbeit aus Liebe – Liebe als Arbeit. Zur Entstehung der Hausarbeit im Kapitalismus. In: Dokumentationsgruppe Sommeruniversität (Hg.): Frauen und Wissenschaft. Beiträge zur Berliner Sommeruniversität für Frauen 1976. Berlin 1977, S. 118–199.
Brombach, C.: Mahlzeit – H(Ort) der Familie?! Eine empirische Deskription von Familienmahlzeiten. IAKE Mitteilungen 7, 2000, S. 2–13.
DGE – Deutsche Gesellschaft für Ernährung (Hg.): Ernährungsbericht 1976. Frankfurt a. M. 1976.
Douglas, M.: Deciphering a Meal. Daedalus 101 (2), 1972, pp. 61–81.
Erlewein, E.: Hauswirtschaftslehre der Neuzeit, Band 1. München 1939.
Essen & Trinken (Hg.): Ernährungstrends 2000+. Qualitative Wirkungsanalyse zu Esskultur und Ernährung. Hamburg 2001.
Furtmayr-Schuh, A.: Postmoderne Ernährung. Food-Design statt Eßkultur. Die moderne Nahrungsmittelproduktion und ihre verhängnisvollen Folgen. Stuttgart 1993.
Hoffmann, H.: Der Struwwelpeter. Frankfurt a. M. 1917.
Meyer, S.; Weggemann, S.: Mahlzeitenmusteranalyse anhand der Daten der Zeitbudgeterhebung 1991/1992. In: Statistisches Bundesamt (Hg.): Zeitbudget in Deutschland. Stuttgart 2001, S. 188–201.
Müller-Baden, E. (Hg.): Bibliothek des allgemeinen und praktischen Wissens, Band 2. Berlin/Leipzig/Wien/Stuttgart 1904.
Neuloh, O.; Teuteberg H. J.: Ernährungsfehlverhalten im Wohlstand. Ergebnisse einer empirisch-soziologischen Untersuchung in heutigen Familienhaushalten. Paderborn 1979.
Ottomeyer, H.: Vorwort. In: Ottomeyer, H.; Völkel, M. (Hg.): Die öffentliche Tafel. Tafelzeremoniell in Europa 1300–1900. Wolfratshausen 2002, S. 4–9.
Piel, E.: Pils und Pralinen. Was die Deutschen über das Essen denken. In: GEO Wissen. Ernährung: Gesundheit & Genuss. Hamburg 2001, S. 108–113.

Schlegel-Matthies, K.: „Liebe geht durch den Magen." Mahlzeit und Familienglück im Wandel der Zeit. Der Bürger im Staat 52 (4), 2002, S. 208–212.

Schlegel-Matthies, K.: „Im Haus und am Herd": Der Wandel des Hausfrauenbildes und der Hausarbeit 1880–1930, Diss. phil. Münster 1991. Stuttgart 1995.

Tolksdorf, U.: Ernährung und soziale Situation. In: Valonen, N.; Lehtonen, J. U. E. (Hg.): Ethnologische Nahrungsforschung. Ethnological Food Research. Helsinki 1975, S. 277–291.

Tränkle, M.: Zur Geschichte des Herdes – Vom offenen Feuer zur Mikrowelle. In: Andritzky, M. (Hg.): Oikos. Von der Feuerstelle zur Mikrowelle. Haushalt und Wohnen im Wandel. Gießen 1992, S. 37–53.

Völkel, M.: Die öffentliche Tafel an den europäischen Höfen der frühen Neuzeit. In: Ottomeyer, H.; Peters, E.; Völkel, M. (Hg.): Die öffentliche Tafel. Tafelzeremoniell in Europa 1300–1900. Wolfratshausen 2002, S. 10–21.

Mahlzeiten neu denken

Gesa Schönberger

Ideal: Die „richtige" Mahlzeit

Der Tisch ist schön gedeckt, der Duft eines Bratens lässt einem das Wasser im Mund zusammen laufen. Es ist ausreichend Zeit, um mit Familie oder Freunden zusammenzusitzen. Das Essen verläuft fröhlich, mit guten Gesprächen und ist gekrönt von Nachtisch und Kaffee. Man fühlt sich danach satt, zufrieden und entspannt.

Eine solche Idealvorstellung von einem guten Essen ist weit verbreitet. Sie entstammt dem Familien- und dem Mahlzeitenbild der bürgerlichen Kleinfamilie, das vorwiegend in der zweiten Hälfte des 20. Jahrhunderts verbreitet war. Idealtypische Vorstellungen von Mahlzeiten knüpfen an die Lebensstile der jeweiligen Zeit an und unterliegen stets einem Wandel (vgl. Schlegel-Matthies in diesem Band; Stieß/Hayn 2005, S. 62). Das zeigen verschiedene Forschungsansätze von Soziologen, Anthropologen, Ethnologen und Volkskundlern (vgl. Douglas 1997; Wiegelmann 1988; Barlösius 1999; Tolksdorf/Bönisch-Brednich 2001; siehe auch Schlegel-Matthies in diesem Band).

Ideale sind aber nicht nur Wolkenschlösser. Sie spiegeln vielmehr das reale Erleben und die Lebenszufriedenheit wider. Ein ansprechendes Essen, gute Stimmung bei Tisch, gegenseitiges Vertrauen und anregende Gespräche sorgen dafür, sich eingebunden, versorgt und entspannt zu fühlen (vgl. Brombach 2003). Vieles davon erinnert an eigene Erfahrungen in der Kindheit, in der eigenen Familie, als die Zuwendung der Mutter durch ihre ständige Versorgung spürbar war. Erinnerungen an Mahlzeiten lassen auch ein Stück des persönlichen Selbstverständnisses durchscheinen. Sie verraten etwas über den eigenen Alltag, über Vorlieben und Abneigungen (Hartmann 1994). Zugleich beeinflussen Erinnerungen immer auch die persönliche Zufriedenheit. Denn zufrieden sind am ehesten diejenigen, die ihre Vorstellungen mit dem real Erlebten in Einklang bringen können (Weller 1996).

Zahlreiche Vorstellungen von der idealen Mahlzeit werden durch die Lebensmittelwerbung aufgegriffen und verstärkt: Das Picknick im Grünen mit Margarine X, das Frühstück auf der Landhausterrasse mit Wurst Y, die Einladung zum „dîner à deux" mit Fixsoße Z. Die gezeigten Szenen spielen sich dabei stets in harmonischen Familienverhältnissen, Paar- oder Freundesbeziehungen ab, eingebettet in ein gelungenes Ambiente (vgl. Seemüller 2008; Stroebele/de Castro 2004) und mit ausreichend Zeit. Doch in den seltensten Fällen entsprechen diese Vorstellungen der Realität – und wenn, dann eher zu besonderen Gelegenheiten, am Wochenende oder auch abends. Der Werktag ist längst geprägt von Kompromissen, dem Zeitbudget, der Mobilität, dem Versorgungsaufwand, dem Produktangebot usw. Gegessen wird allein, unter Zeitdruck, unterwegs oder aus der Hand. So unterscheiden sich Mahlzeiten vielfach deutlich untereinander: zum Beispiel im Hinblick auf den Wochentag, die Dauer, die Anwesenheit von Personen und auf soziale und kommunikative Interaktionen.

Der folgende Beitrag dient einer Bestandsaufnahme der Mahlzeit und bietet einen Ausblick in die Zukunft. Wie bedeutsam ist die Familienmahlzeit heute noch? Ist sie nicht nur idealtypisch, sondern auch realistisch gesehen das erstrebenswerte (politische) Ziel? Welche alternativen Formen haben sich neben der Familienmahlzeit entwickelt und warum? Und wohin geht die Mahlzeit der Zukunft?

Ein Punkt sei gleich vorweg geschickt. Abschaffen lässt sich die Mahlzeit nicht. Genauso wie das Atmen, Trinken, Schlafen und Kleiden ist das Essen ein menschliches Grundbedürfnis. Doch der Mensch kann die Kultur seiner Mahlzeiten bestimmen und verändern – also das Wann, Wie und Wo.

Modern: Der Kleinhaushalt

Ein Blick in die Statistik der Bundesrepublik Deutschland zeigt, dass Familien[1] nicht mehr die dominante Form des Privathaushalts darstellen. Längst gibt es mehr Ein- und Zwei-Personen-Haushalte (2005: 38 und 34 Prozent) als solche mit drei oder vier und mehr Personen (2005: je 14 Prozent). Bei letzteren beiden Gruppen handelt es sich überwiegend, aber nicht vollständig um Familien. Ein geringer Anteil der Zwei-Personen-Haushalte zählt ebenfalls zu den Familien, nämlich die Alleinerziehenden mit einem Kind. In 2007 gab es insgesamt 30 Prozent Familienhaushalte, acht Prozent weniger als 1991. In 22 Prozent aller Haushalte lebten minderjährige Kinder, fünf Prozent weniger als in 1991.

Vorausberechnungen bis 2020 gehen davon aus, dass die Ein-Personen-Haushalte in Deutschland auf 41 Prozent (16,5 Millionen) und die Zwei-Personen-Haushalte auf 36 Prozent (14,7 Millionen) anwachsen, bei insgesamt etwa 40 Millionen Haushalten. Für die großen Städte werden sogar über 50 Prozent

---

[1] Definiert als das Zusammenleben von zwei oder mehr Generationen in einem gemeinsamen Haushalt; vgl. Statistische Ämter des Bundes und der Länder 2007, S. 28.

Ein- und etwa 30 Prozent Zwei-Personen-Haushalte prognostiziert. Die Drei- und Mehr-Personen-Haushalte werden hingegen auf jeweils zwölf Prozent zurückgehen. Der prognostizierte Trend zu kleineren Haushalten wird wie folgt begründet: Die Lebenserwartung steigt weiter an, die Geburtenrate bleibt gering (2005: 1,3 Kinder pro Frau) und Partnerschaften mit separater Haushaltsführung nehmen ebenso wie die berufliche Mobilität zu (Statistische Ämter des Bundes und der Länder 2007). Dies alles wird sich auf die Versorgungsstrukturen und damit auf die Mahlzeiten auswirken.

Vielgestalt: Der Zwei-Personen-Haushalt

Angesichts dieser Daten kann die überwiegende Anzahl der Mahlzeiten in deutschen Privathaushalten nicht dem genannten Idealbild entsprechen. Sie werden im engeren Sinn auch nicht von Familien, sondern überwiegend von Singles oder zu zweit eingenommen. Für die Zwei-Personenhaushalte beschreibt die Marktforschung zwei markante Gruppen (ZMP 2003): junge, kinderlose Paare bis 40 Jahre (Gruppe A) und Rentnerpaare, bei denen die Frau über 60 und der Mann über 65 Jahre alt ist (Gruppe B).

Gruppe A lässt sich wie folgt charakterisieren: Über 20 Prozent lassen das Frühstück ausfallen. Zwölf Prozent nehmen es außer Haus ein und ein Viertel isst eine Zwischenmahlzeit am Vormittag. Ein Drittel verzichtet wiederum auf das Mittagessen. Rund 28 Prozent gehen dazu außer Haus und insgesamt 26 Prozent nehmen subjektiv bewertet zu Mittag keine „richtige" Mahlzeit, sondern nur „eine Kleinigkeit" zu sich. Immerhin 91 Prozent essen zu Abend und etwa die Hälfte davon bezeichnet das dann als eine „richtige" Mahlzeit. Bei 13 Prozent findet das Abendessen außer Haus statt. „Richtige" Mahlzeiten werden von dieser Gruppe verstärkt freitagabends und samstags gegessen. Doch auch für das, was diese Gruppe als „richtige" Mahlzeit bezeichnet, bleibt der Aufwand für die Lebensmittelzubereitung begrenzt (ZMP 2003).

Gruppe B hat im Vergleich zu Gruppe A einen sehr viel regelmäßigeren Mahlzeitenrhythmus: 97 Prozent frühstücken, 91 Prozent essen zu Mittag, 95 Prozent zu Abend. Darüber hinaus nehmen 20 Prozent vormittags, 50 Prozent nachmittags und 27 Prozent nach dem Abendessen jeweils noch eine Zwischenmahlzeit ein. In dieser Gruppe gehen nur zwei Prozent zum Frühstück außer Haus, sieben Prozent zum Mittag- und vier Prozent zum Abendessen. Die Hauptmahlzeit findet mittags statt. Dann verzehren 75 Prozent eine subjektiv bewertet „richtige" Mahlzeit, während dies abends nur bei 20 Prozent der Fall ist. Alle anderen nehmen indessen eine Kleinigkeit zu sich. Der Aufwand für die Zubereitung der „richtigen" Mahlzeiten wird (in gewissen Grenzen) in Kauf genommen, vor allem von den

Frauen. Dies gilt gleichermaßen für die Wochentage und das Wochenende (ZMP 2003; ZMP 2002). Allein diese beiden Gruppen der Zwei-Personen-Haushalte machen bereits deutlich, welche Vielfalt zu bedenken ist, wenn über Art und Güte künftiger Mahlzeiten spekuliert wird. Bei den Personen der Gruppe B haben sie einen hohen Stellenwert und tragen zur Strukturierung des Tages bei. Es wird ein gewisser Zubereitungsaufwand akzeptiert. Bei den Haushalten der Gruppe A hingegen werden die Mahlzeiten flexibel wechselnden Arbeits- und Freizeitstrukturen und deren Zeiterfordernissen angepasst, ohne eigene Zeit bzw. Zeitnischen zu besetzen. Der Aufwand für die Zubereitung muss sich bei letzteren in Grenzen halten. Wer bei Tisch zusammensitzt, ist variabel (vgl. Brombach 2001). Vergleichbare Ergebnisse zeigen Untersuchungen des Frankfurter Instituts für sozial-ökologische Forschung (Stieß/Hayn 2005).

Entbehrlich: Der Aufwand für Mahlzeiten

Das Beispiel der Zwei-Personen-Haushalte zeigt, dass die Gestaltung des Ernährungsalltags nicht nur von objektiven Merkmalen wie dem Haushaltstyp beeinflusst wird, sondern auch von den jeweiligen grundlegenden Orientierungen. Zwischen Lebensstil und Ernährungsverhalten zeigt sich ein deutlicher Zusammenhang. Je höher das Interesse an Ernährung ist, desto mehr Zeit-, Geld- und Informationsaufwand wird für die eigenen Mahlzeiten betrieben (Stieß/Hayn 2005, S. 19, 62).

Dennoch zeichnet sich ein Trend in allen Bevölkerungsgruppen dahingehend ab, die Zubereitung von einfacheren Mahlzeiten selbst zu übernehmen und die von aufwändigeren zunehmend anderen zu überlassen: Das Frühstück wird noch am ehesten selbst gemacht, gefolgt von Abend- und Mittagessen (siehe Tabelle; vgl. Stieß/Hayn 2005). Zum Mittagessen nehmen mehr als doppelt so viele Personen eine „richtige" und aufwändigere Mahlzeit zu sich als zum Abendessen. Werktags wird eher selbst gekocht und es gibt vermehrt einfache Speisen oder solche, bei denen Halbfertig- und Fertiggerichte verwendet werden. Mahlzeiten mit drei und mehr Gängen werden insgesamt nur selten selbst zubereitet (ZMP 2004). In Grundzügen bestätigt dies die Studie von Stieß und Hayn (2005): Bei allen dort untersuchten Gruppen war der Zubereitungsaufwand sonntagmittags am höchsten und die Mahlzeitendauer am längsten (vgl. Stieß/Hayn 2005, S. 64).

Tabelle Selbstzubereitungsgrad und Umfang von Mahlzeiten (ZMP 2005)

% der Befragten (n = 48.276)	Frühstück	Mittagessen	Abendessen
Selbst zubereitet	72	46	63
Von anderer Person im Haushalt zubereitet	11	22	21
„Richtige" Mahlzeit	*	75	32
Kleinigkeit	*	25	68

* Das Frühstück am Werktag hat innerhalb der Mahlzeiten eine Sonderstellung und ist nicht mit Mittag- und Abendessen vergleichbar (ZMP 2005). Nur am Wochenende und an Festtagen kann das Frühstück den Rang einer „richtigen" Mahlzeit einnehmen. Dann ist es aufwändiger zubereitet, umfangreicher, dauert länger und wird stärker zelebriert (ZMP 2005; Jurczyk et al. 2005).

Der reale Aufwand für die Zubereitung von Mahlzeiten scheint somit wesentlich von der verfügbaren Zeit abzuhängen. Dies bestätigen die Zeitbudgetstudien 1991/1992 und 2001/2002. Frauen mit einer Teilzeiterwerbstätigkeit verwenden demnach mehr Zeit für die Essenszubereitung als Vollzeit-Erwerbstätige oder Personen aus Haushalten mit Doppelberufstätigkeit und höherem Einkommen. Der Zeitaufwand für die Beköstigung (das heißt insbesondere für Kochen und Abwaschen) nahm bei letzteren innerhalb der untersuchten zehn Jahre ab. Das Abendessen und der Außer-Haus-Verzehr gewannen hingegen an Bedeutung. Alle Haushalte wendeten zudem deutlich mehr Zeit für Zwischenmahlzeiten auf. Insbesondere die Berufstätigen, so ein Fazit der Studie, nehmen zunehmend außerhäusliche Verpflegungs- und Dienstleistungsangebote in Anspruch. Sie sparen durch Technik im Haushalt und vorgefertigte Lebensmittel Zeit ein und haben einen insgesamt niedrigeren Anspruch an ihre Ernährungsversorgung (Meier-Gräwe/Zander 2005; vgl. auch Stieß/Hayn 2005).

Knapp: Das Zeitbudget

Das verfügbare Zeitbudget scheint eine wesentliche Bestimmungsgröße für Art und Umfang von Mahlzeiten zu sein. Dafür spricht auch, dass zu wenig Zeit häufig als Hindernis für eine gesunde Ernährung angegeben wird. Es herrschen damit offensichtlich andere Vorstellungen vor, als im Alltag umsetzbar sind. Besonders ein urbanes Lebensumfeld, ein hoher Bildungsstand und eine Erwerbstätigkeit in leitender Position scheinen mit Zeitmangel verbunden zu sein (Europäische Kommission 2006, S. 27; Brombach 2005). Mangelnde Zeit dürfte auch das primäre

Argument dafür sein, dass Mahlzeiten ausgelassen, (Halb-)Fertiggerichte verwendet werden, die „richtige" Mahlzeit auf den Abend/das Wochenende verschoben und zunehmend außer Haus gegessen wird (ZMP 2004; ZMP 2003).

Dominant: Die Mobilität

Doch Zeitmangel greift als einzige Erklärung für diese Phänomene zu kurz. Vielmehr ist von einer Verschiebung verschiedener Strukturen und Prozesse auszugehen, die mit einer zunehmend mobilen Gesellschaft verbunden sind. So gehen Ein-Personen-Haushalte häufig auf mobile Lebensweisen zurück. Das bedeutet, dass diese Haushalte von Personen bewohnt werden, die Fernbeziehungen führen oder zwischen Single-Haushalt am Arbeitsort und Zwei- oder Mehr-Personen-Haushalt am Hauptwohnsitz pendeln (Schneider 2005).

Mit der deutlich veränderten Mobilität im Alltag haben sich auch die Wegezeiten für die Haushalte verändert: Werden Mahlzeiten seltener selbst zubereitet, hat dies längere Wege zum Einkaufen oder zur Außer-Haus-Verpflegung zur Folge (Kramer/Mischau 2005). Für Berufstätige bestehen im Alltag außerdem zunehmend Anpassungszwänge an flexible Arbeitszeiten (Jürgens 2005; Jurczyk et al. 2005). Mit steigender Mobilität werden somit regelmäßige, selbst zubereitete Mahlzeiten im eigenen Haushalt in jeder Hinsicht erschwert.

Praktisch: Die Fertigprodukte

Es wundert nicht, dass sich die veränderten Haushalts- und Mahlzeitenstrukturen auch im Lebensmittelmarkt abbilden. Der Reis- und Nudelmarkt ist ein gutes Beispiel dafür: Der Pro-Kopf-Verbrauch von Nudeln ist von 5 Kilogramm in 2003 auf 7,4 Kilogramm in 2008 gestiegen, von Reis im gleichen Zeitraum von 3,8 auf 6,3 Kilogramm (Pilar 2009; Statistisches Bundesamt 2009). Im Trend liegen Produkte, die sich besonders schnell zu einer Mahlzeit herrichten lassen: Express-Teigwaren, Drei-Minuten-Nudeln, Acht-Minuten-Reis, Fünf-Minuten-Milchreis. Der Handel bietet eine Vielzahl an Fertiggerichten für die Mikrowelle, als Heißwasser-Aufguss-Verfahren oder zum Kurzerhitzen in Pfanne oder Topf. Der Reis im Kochbeutel hat 2009 einen Marktanteil von 50 Prozent erreicht. Generell nimmt die Bedeutung der Verpackungsart und -größe zu. Verpackungen unterstützen die vereinfachte Zubereitung und erleichtern das Portionieren. Packungsgrößen für eine oder eine halbe Portion gewinnen Marktanteile. Die Wirtschaft unterstützt damit den Trend, zumindest eine Kleinigkeit zwischendurch zu essen, wenn nicht ausreichend Zeit für eine „richtige" Mahlzeit ist.

Bewahrend: Die Familie

Den eingangs geschilderten Vorstellungen von einer „richtigen" Mahlzeit kommen am ehesten die Drei- und Mehr-Personen-Haushalte nahe, die in den meisten Fällen Familienhaushalte sind (siehe oben). Dort wird eher frisch gekocht und mehr Aufwand für die Zubereitung von Mahlzeiten betrieben. Es werden weniger (Halb-)Fertiggerichte verwendet und regelmäßiger Mahlzeiten gemeinsam mit anderen Personen eingenommen (ZMP 2004).

Doch auch bei der Familienmahlzeit machen sich Veränderungsprozesse bemerkbar. Sie äußern sich in zeitsparenden, tendenziell pragmatischen Ernährungsstilen, zunehmendem Außer-Haus-Verzehr sowie einer Verlagerung der „richtigen" Mahlzeiten auf Abend und Wochenende (Stieß/Hayn 2005; Leonhäuser et al. 2009; Köhler et al. in diesem Band).

Da Familienhaushalte derzeit nur noch insgesamt 30 Prozent aller Haushalte ausmachen und laut Prognose weiter abnehmen werden, wird die Familienmahlzeit immer seltener. Die zu beobachtenden Veränderungen der Mahlzeiten sind folglich nicht nur auf Zeitmangel zurückzuführen, sondern auch auf veränderte Sozialstrukturen, Lebensstile und gewandelte Prioritäten. Das Frankfurter Institut für sozial-ökologische Forschung hat dafür zwei „nicht widerspruchsfreie" Entwicklungslinien formuliert: eine Simplifizierung des Ernährungsalltags, bei der „Ernährung in ihrer Bedeutung im Alltag reduziert, als Lebensbereich vereinfacht und ... auf Nahrungsaufnahme" konzentriert ist, sowie eine „(neue) Aufladung mit Bedeutung und Sinn" (Hayn et al. 2006, S. 73).

In unterschiedlicher Ausprägung spiegeln sich in diesen Entwicklungen allgemeingültige, gesellschaftliche Trends wider: zum Beispiel die zunehmende Vereinzelung der Menschen, die Liberalisierung von Normen und Werten und die Notwendigkeit einer zunehmenden Selbstverantwortung.

Spontan: Essen „al gusto"

Mahlzeiten finden nicht nur immer häufiger allein statt, sie werden auch nur für eine Person vor- und zubereitet. Das hat weitreichende Folgen: Ein-Personen-Haushalte organisieren ihre Mahlzeiten zunehmend kurzfristig, eine Planungsphase und weite Teile der Zubereitung entfallen. Singles essen „al gusto". Spontane Geschmackswünsche entscheiden, was auf den Tisch kommt. Dank industrieller Vorverarbeitung, Tiefkühlkost, Mikrowelle und vielfältiger Außer-Haus-Angebote lassen sich viele Wünsche sofort erfüllen. Diese Wahlfreiheit setzt Wohlstand voraus. Sie wurde seit der Nachkriegszeit des 20. Jahrhunderts für breite Bevölkerungsschichten zunehmend möglich. Vorher beherrschte der sogenannte Notwendigkeitsgeschmack die Mahlzeiten der mehrheitlichen Bevölkerung: Saison, Lebensmittelverfügbarkeit und Haushaltsvorstand bestimmten, was auf den Tisch kam (Jütte 2005; Bourdieu 1987). Der heutige Single-Haushalt hat damit beim Essen größtmögliche Freiheit erlangt – materiellen Wohlstand vorausgesetzt.

Mit dieser neu gewonnenen Freiheit geht eine Liberalisierung und Informalisierung der Mahlzeiten einher, die den Single-Haushalt am stärksten, jedoch in Abstufungen auch alle anderen Haushalte betrifft. Das heißt, Mahlzeiten werden zunehmend von starren Regeln befreit, zum Beispiel in Bezug auf die Tischordnung, -manieren oder Menüabfolgen. Es flexibilisieren sich die Zeitpunkte für Mahlzeiten; sie werden ausgelassen oder durch Kleinigkeiten ersetzt; Orte verlagern sich, die Personen am Tisch wechseln (siehe oben; vgl. Brombach 2003; Tolksdorf/Bönisch-Brednich 2001). Hybrides Verhalten kennzeichnet die liberale Mahlzeit: mittags an der Pommesbude, abends im Sternerestaurant (Hayn et al. 2005, S. 83; Stieß/Hayn 2005, S. 22).

Unbedacht: Die Entwertung

Liberale und informelle Mahlzeiten gehen mit einem globalen Lebensmittelangebot einher – losgelöst von Saison und Region. Dieses Angebot wird weithin akzeptiert und als große Bereicherung empfunden. Lebensmittel sind heute allgemein und überall verfügbar, bezahlbar und essbar. Gemäß einer generationenübergreifenden Studie ist das Überangebot eine derartige Selbstverständlichkeit für Kinder, dass Produktion, Erwerb und Zubereitung kaum mit dem dahinterstehenden Ressourceneinsatz verbunden werden. Auch die Generation der heutigen Mütter erlebt die Vielfalt von Lebensmitteln als Selbstverständlichkeit, hat aber dennoch, zumindest teilweise, eine Vorstellung von den Herstellungsprozessen. Allein die Großmütter „wissen wie viel Arbeit darin steckt". Damit wird deutlich, dass die Wertschätzung von Lebensmitteln mit den eigenen Erfahrungen korreliert (Brombach 2003). Sie ist umso geringer, je weniger mühselig, schmutzig und unblutig der Kontakt mit Pflanzen- und insbesondere Tierzucht ist und je unsichtbarer und anonymer Produktion, Verarbeitung und Entsorgung sind. Lebensmittel dürfen nicht viel kosten, werden (fahr-)lässig behandelt, vergessen und verworfen (vgl. Dell'Agli 2009; Schönberger 2009; Brombach 2003; Tolksdorf/Bönisch-Brednich 2001). Die sinkende Wertschätzung von Lebensmitteln wirkt sich auch auf die Mahlzeiten aus, indem Zubereitungs- und Nachbearbeitungsarbeiten möglichst ausgeblendet oder ganz abgeschafft werden.

Unbeliebt: Die Selbstverantwortung

Individualisierte, liberalisierte und entwertete Mahlzeiten erfordern neue Fähigkeiten wie einen hohen Grad an Selbstbestimmung und -verantwortung. Bei Erwachsenen wird dies als selbstverständlich vorausgesetzt. Allerdings stellt sich angesichts des hohen Anteils an Adipösen die Frage, wie viele diese Verantwortung tatsächlich erkennen und wahrnehmen. Kinder müssen das jedenfalls erst erlernen. Wie viel Selbstbestimmung von Kindern erwartet werden kann, ist nicht nur abhängig von ihrem Alter, sondern auch von ihren Kompetenzen. Eine gewisse Überforderung im Umgang mit (viel) Taschengeld und einem Überangebot an Lebensmitteln und Speisen ist diesen sicher nicht vorzuwerfen; besonders dann nicht, wenn ihnen in der Erwachsenenwelt dafür die Vorbilder fehlen (Schönberger 2007).

Übernehmen Frauen nicht – wie „gewohnt" – die Ernährungsverantwortung für Partner und Familie[2], fühlen sich Männer nicht selbstverständlich dafür zuständig (Stieß/Hayn 2005, S. 68; Meier et al. 2004, S. 119 ff.; BMFSFJ 2009). Das trifft insbesondere auf diejenigen zu, die aus der Versorgung ihrer Mutter, der (Ex-)Partnerin oder Ehefrau in die Selbstversorgung des eigenen Ein-Personen-Haushalts wechseln. Vielen fehlt es an Praxiserfahrung, Routine und/oder Willen, eigene Ernährungsverantwortung zu übernehmen. Insbesondere traditionell verankerte Rollenmuster und Ideale (vgl. Schlegel-Matthies 2002) sowie das Zeitkorsett der Arbeitswelt sind Gründe dafür, eher auf externe Dienstleistungen und Produkte auszuweichen. Auf diese Weise ist Ernährung zwar gewährleistet, doch die eigenen Vorstellungen von Mahlzeiten werden nicht oder nur selten erfüllt. Mancher empfindet sich gar als unversorgt (vgl. Brombach 2003).

Weil Einkauf und Zubereitung in den Händen anderer liegen, geht die Eigenkontrolle darüber verloren, was gegessen wird. Neben Zeitmangel gilt dies, einer Umfrage der EU-Kommission zufolge, als wesentliches Hindernis dafür, sich gesund zu ernähren (Europäische Kommission 2006, S. 27). Die neu gewonnenen Freiheiten auf der einen Seite und die notwendige Verantwortungsübernahme auf der anderen bleiben eine „Spannungseinheit", mit der der moderne Mensch und sein alltägliches Handeln ständig konfrontiert sind (vgl. Kramer/Mischau 2005). Dies trifft zunehmend auch auf jüngere Frauen zu (Europäische Kommission 2006).

---

[2] Weil zum Beispiel keine Frau zum Haushalt gehört, sie aufgrund von Erwerbstätigkeit zeitlich stark gebunden ist oder diese Aufgaben nicht übernehmen will oder kann.

Anders: Die Mahlzeiten von morgen

Angesichts der geschilderten gesellschaftlichen Veränderungen lässt sich für die Mahlzeiten der Zukunft Folgendes festhalten:

- Die Stellen der Versorger (weiblich/männlich) sind in den Haushalten vielfach vakant. Sie werden und können nicht nach traditionellen Vorstellungen wiederbesetzt werden. Nur dort, wo diese Stellen (noch von Frauen) besetzt sind, findet eine Versorgung durch Mahlzeiten statt, die den traditionellen Vorstellungen nahe kommt.
- Familien stellen zukünftig eine Minderheit innerhalb der Haushalte dar. Familienmahlzeiten sind aber nicht nur deswegen besonders schützenswert, sondern insbesondere wegen ihrer Bedeutung für die Sozialisation und Enkulturation von Kindern und Jugendlichen sowie den Zusammenhalt von Familien (vgl. Schmidt, Köhler et al. und Schlegel-Matthies in diesem Band).
- Der Zubereitungsaufwand für Mahlzeiten nach traditionell bürgerlicher Vorstellung „lohnt" sich mit sinkender Haushaltsgröße immer weniger, wenn in Haushalten allein oder zu zweit gegessen wird. Neben dem Zeitaufwand wären auch ein relativ erhöhter Lebensmitteleinsatz, Energieverbrauch und Schadstoffeintrag in die Umwelt zu rechtfertigen (Wiegmann et al. 2005).
- Mahlzeiten im Privathaushalt müssen sich zukünftig vor allem einfach zubereiten lassen und schnell gehen. Dies gilt auch für die meisten zukünftigen Rentnerhaushalte. Es ist zu erwarten, dass die heute Berufstätigen aufgrund ihrer Gewohnheiten und Einstellungen sowie mangels Übung im Umgang mit Lebensmitteln ihren Ernährungsstil im Rentenalter beibehalten werden.
- „Richtige" Mahlzeiten werden immer seltener selbst zubereitet. Es wird dafür mehr und mehr auf Angebote des Marktes zurückgegriffen: durch (Halb-)Fertigprodukte, das Essen außer Haus in Restaurants, Mensen, Imbissen und anderen Privathaushalten.

Gesucht: Neue Wege

Unter den geschilderten Voraussetzungen erscheint eine Mahlzeitenversorgung nach traditionell bürgerlich-familiärem Modell als Idealform nicht mehr zeitgemäß (vgl. Schlegel-Matthies 2002). Vielmehr lohnt es sich, neue Versorgungsformen zu entwickeln und zu erproben, die der Realität der Haushalte entgegenkommen und im Alltag entlasten (vgl. Leonhäuser et al. 2009; Köhler et al. in diesem Band). Dazu gehören zum Beispiel mehr Angebote der Gemeinschaftsverpflegung und andere Versorgungsmöglichkeiten im öffentlichen Raum.

Denn Mahlzeiten außer Haus sind nicht per se als schlecht zu bewerten. Voraussetzung ist jedoch, dass sich die Anbieter von Außer-Haus-Verpflegung ihrer Verantwortung für gesunde, wohlschmeckende Mahlzeiten bewusst sind und einen hohen Qualitätsstandard verfolgen. So können sie bei ihren Kunden eine Vertrauensbasis schaffen, die dazu führt, dass diese entlastet werden. Kunden, die sich auf „ihren" Essens-Anbieter verlassen können, kommen immer wieder. Im Rahmen von Außer-Haus-Verpflegung besteht so auch die Möglichkeit, dass neue, gar regelmäßige Essensgemeinschaften entstehen (vgl. Mayer-Ries 2007).

Zu den notwendigen, neuen Versorgungsformen gehören auch haushaltsunterstützende Dienstleistungen auf Gemeindeebene, neue Wohnformen und Nachbarschaftskonzepte. Lösungsansätze sind nicht nur – wie bisher – primär auf die Versorgung von Kindern und Familien zu fokussieren (wie zum Beispiel beim Nationalen Aktionsplan der Bundesregierung (BMELV et al. 2008)). Der Blick ist auch auf die große Anzahl an Haushalten von Singles, Paaren und alten Menschen zu richten. Denn generell gilt: Je kleiner der Haushalt, desto wichtiger werden Verlässlichkeiten, ebenso wie ein soziales Netz, Solidarität und Hilfsbereitschaft (Opaschowski 2001).

Literatur

Barlösius, E.: Soziologie des Essens. Eine sozial- und kulturwissenschaftliche Einführung in die Ernährungsforschung. Weinheim/München 1999, S. 165 ff.

BMELV – Bundesministerium für Ernährung, Landwirtschaft und Verbraucherschutz; BMG – Bundesministerium für Gesundheit (Hg.): IN FORM. Deutschlands Initiative für gesunde Ernährung und mehr Bewegung. Nationaler Aktionsplan zur Prävention von Fehlernährung, Bewegungsmangel, Übergewicht und damit zusammenhängenden Krankheiten. Berlin 2008.

BMFSFJ – Bundesministerium für Familie, Senioren Frauen und Jugend (Hg.): Männer in Bewegung. Zehn Jahre Männerentwicklung in Deutschland. Forschungsreihe, Band 6. Baden-Baden 2009, S. 127 ff., 313 f.

Bourdieu, P.: Die feinen Unterschiede. Kritik der gesellschaftlichen Urteilskraft. Frankfurt a. M. 1987, S. 290.

Brombach, C.: The EVA-study: Nutrition behaviour in the life course of elderly women. The Journal of Nutrition, Health & Aging 5 (4), 2001, pp. 261–262.

Brombach, C.: Mahlzeitenverhalten von Familien im Verlauf von drei Generationen. Ernährung im Fokus 5 (3), 2003, S. 130–135.

Brombach, C.: Der „lange Arm" der Familie – Am Beispiel des Kochens. Ernährung im Fokus 5 (7), 2005, S. 201–207.

Dell'Agli, D. (Hg.): Essen als ob nicht. Gastrosophische Modelle. Frankfurt a. M. 2009, S. 7 ff.

Douglas, M.: Deciphering a Meal. London 1997, pp. 36 ff.

Europäische Kommission (Hg.): Gesundheit und Ernährung. Eurobarometer Spezial 246, 2006.

Hartmann, A.: Zungenglück und Gaumenqualen. Geschmackserinnerungen. München 1994, S. 5 ff.

Hayn, D.; Eberle, U.; Stieß, I.; Hünecke, K.: Ernährung im Alltag. In: Eberle, U.; Hayn, D.; Rehaag, R.; Simshäuser, U. (Hg.): Ernährungswende. Eine Herausforderung für Politik, Unternehmen und Gesellschaft. München 2006, S. 73–84.

Hayn, D.; Empacher, C.; Halbes, S.: Trends und Entwicklungen von Ernährung im Alltag. Ergebnisse einer Literaturrecherche. Frankfurt a. M. 2005.

Jurczyk, K.; Lange, A.; Szymenderski, P.: Zwiespältige Entgrenzungen: Chancen und Risiken neuer Konstellationen zwischen Familien- und Erwerbstätigkeit. In: Mischau, A.; Oechsle, M. (Hg.): Arbeitszeit – Familienzeit – Lebenszeit: Verlieren wir die Balance? Zeitschrift für Familienforschung, Sonderheft 5, Wiesbaden 2005, S. 13–33.

Jürgens, K.: Kein Ende von Arbeitszeit und Familie. In: Mischau, A.; Oechsle, M. (Hg.): Arbeitszeit – Familienzeit – Lebenszeit: Verlieren wir die Balance? Zeitschrift für Familienforschung, Sonderheft 5, Wiesbaden 2005, S. 34–53.

Jütte, R.: Vom Notwendigkeitsgeschmack zum Einheitsaroma. Prolegomena zu einer Sinnesgeschichte im 20. Jahrhundert. In: Engelhardt, D. von; Wild, R. (Hg.): Geschmackskulturen. Vom Dialog der Sinne beim Essen und Trinken. Frankfurt a. M. 2005, S. 47–58.

Kramer, C.; Mischau, A.: Wege und Wegezeiten von Männern und Frauen – Geschlechterrollen im „mobilen" Alltag? In: Mischau, A.; Oechsle, M. (Hg.): Arbeitszeit – Familienzeit – Lebenszeit: Verlieren wir die Balance? Zeitschrift für Familienforschung, Sonderheft 5, Wiesbaden 2005, S. 127–150.

Leonhäuser, I.-U.; Meier-Gräwe, U.; Möser, A.; Zander, U.; Köhler, J.: Essalltag in Familien. Ernährungsversorgung zwischen privatem und öffentlichem Raum. Wiesbaden 2009.

Mayer-Ries, J. (ed.): The future of the healthy nutrition market – scenarios and recommendations. A working paper. Dr. Rainer Wild-Stiftung. Heidelberg 2007.

Meier, U.; Küster, C.; Zander, U.: Alles wie gehabt? Geschlechtsspezifische Arbeitsteilung und Mahlzeitenmuster im Zeitvergleich. In: Statistisches Bundesamt (Hg.): Alltag in Deutschland. Analysen zur Zeitverwendung, Forum der Bundesstatistik, Band 43, Wiesbaden 2004, S. 114–130.

Meier-Gräwe, U.; Zander, U.: Veränderte Familienmahlzeiten – Neue Balance zwischen Männern und Frauen? In: Mischau, A.; Oechsle, M. (Hg.): Arbeitszeit – Familienzeit – Lebenszeit: Verlieren wir die Balance? Zeitschrift für Familienforschung, Sonderheft 5, Wiesbaden 2005, S. 92–109.

Opaschowski, H. W.: Deutschland 2010. Wie wir morgen arbeiten und leben – Voraussagen der Wissenschaft zur Zukunft unserer Gesellschaft. Hamburg 2001, S. 32.

Pilar, G. von: Nudeln nähren die Rendite. Lebensmittelzeitung 28, 2009, S. 34–36.

Schlegel-Matthies, K.: Liebe geht durch den Magen. In: Landeszentrale für politische Bildung Baden-Württemberg (Hg.): Nahrungskultur. Essen und Trinken im Wandel. Stuttgart 2002, S. 208–212.

Schneider, N. F.: Leben an zwei Orten. Die Folgen beruflicher Mobilität für Familie und Partnerschaft. In: Mischau, A.; Oechsle, M. (Hg.): Arbeitszeit – Familienzeit – Lebenszeit: Verlieren wir die Balance? Zeitschrift für Familienforschung, Sonderheft 5, Wiesbaden 2005, S. 110–126.

Schönberger, G.: Fit Kid? Zur Ernährungssituation der Kinder in Heidelberg. In: Stadt Heidelberg (Hg.): Gesündere Kinder in unserer Stadt. Dokumentation. Heidelberg 2007, S. 15–20.

Schönberger, G.: Wasser: Bewährt, aber nicht immer begehrt. Zu den Trinkgewohnheiten der Gegenwart. In: Hirschfelder, G.; Ploeger, A. (Hg.): Purer Genuss? Wasser als Getränk, Ware und Kulturgut. Frankfurt a. M. 2009, S. 13–33.

Seemüller, T.: Gibt es einen Zusammenhang zwischen dem Ambiente und der Wahrnehmung und Bewertung von Mahlzeiten? Empirische Studie zur Erforschung von Esssituationen im Kontext von Ambiente. Gießen 2008.

Statistische Ämter des Bundes und der Länder (Hg.): Demografischer Wandel in Deutschland. Bevölkerungs- und Haushaltsentwicklung im Bund und in den Ländern. Wiesbaden 2007, S. 26 ff.

Statistisches Bundesamt (Hg.): Statistisches Jahrbuch 2009. Für die Bundesrepublik Deutschland. Wiesbaden 2009, S. 564.

Stieß, I.; Hayn, D.: Ernährungsstile im Alltag. Ergebnisse einer repräsentativen Untersuchung. Diskussionspapier Nr. 5. Frankfurt a. M. 2005.

Stroebele, N.; Castro, J. M. de: Ambience and its influence on food intake. Nutrition 9 (20), 2004, pp. 821–838.

Tolksdorf, U.; Bönisch-Brednich, B.: Nahrungsforschung. In: Brednich, R. W. (Hg.): Grundriß der Volkskunde. Einführung in die Forschungsfelder der Europäischen Ethnologie. 3. Auflage, Berlin 2001, S. 239–254.

Weller, I.: Lebenszufriedenheit im europäischen Vergleich. Berlin 1996, S. 20 ff.

Wiegelmann, G.: Was ist der spezielle Aspekt ethnologischer Nahrungsforschung? In: Teuteberg, H.-J.; Wiegelmann, G. (Hg.): Unsere tägliche Kost. Geschichte und regionale Prägung. 2. Auflage, Münster 1988, S. 21–31.

Wiegmann, K.; Eberle, U.; Fritsche, U. R.; Hünecke, K.: Datendokumentation zum Diskussionspapier Nr. 7 „Umweltauswirkungen von Ernährung – Stoffstromanalysen und Szenarien". Darmstadt/Hamburg 2005.

ZMP – Zentrale Markt- und Preisberichtstelle für Erzeugnisse der Land-, Forst- und Ernährungswirtschaft (Hg.): Mittag- und Abendessen in Deutschland. Analysen und Strukturen „richtiger" Mahlzeiten. Bonn 2002.

ZMP – Zentrale Markt- und Preisberichtstelle für Erzeugnisse der Land-, Forst- und Ernährungswirtschaft (Hg.): Verzehrsverhalten in verschiedenen Lebenszyklusphasen. Bonn 2003.

ZMP – Zentrale Markt- und Preisberichtstelle für Erzeugnisse der Land-, Forst- und Ernährungswirtschaft (Hg.): Zubereitung von Mahlzeiten im privaten Umfeld. Bonn 2004.

ZMP – Zentrale Markt- und Preisberichtstelle für Erzeugnisse der Land-, Forst- und Ernährungswirtschaft (Hg.): Marktstudie: Das Frühstücksverhalten der Deutschen. Bonn 2005.

II Familienmahlzeiten

Wie Kinder beim Essen essen lernen

Sabine Schmidt

Angesichts der wachsenden Probleme mit Übergewicht und Fehlernährung in unserer Gesellschaft richten sich präventive Bemühungen zunehmend auf Kinder. Dabei reicht es nicht aus, in Kindergärten und Schulen über gesunde Ernährung aufzuklären. Denn das Wissen kann die geprägten Gewohnheiten beim Essen nur ergänzen, nicht ersetzen. Entscheidend ist, wie und wann Menschen sich lebenslange Essgewohnheiten aneignen, welche Faktoren darauf Einfluss nehmen und welche Schlüsse sich daraus für die Gesundheitsförderung, Ernährungsforschung und -bildung ziehen lassen.

Essen lernen wir beim und durch Essen

Das Essen lernen wir ebenso wie anderes grundlegendes Verhalten (zum Beispiel spielen oder sprechen) in früher Kindheit und durch eigenes Tun beziehungsweise Nachahmung. Dies beginnt (spätestens) mit dem ersten Trinken an der Brust, vermutlich aber schon intrauterin. Der Suchreflex des Neugeborenen ist angeboren. Aber schon die weitere Nahrungsaufnahme in den ersten Wochen und Monaten bringt viele Lernerfahrungen mit sich. Auch das Spielen lernen Kinder zunächst nicht dadurch, dass Erwachsene ihnen etwas beibringen. Babys und Kleinkinder greifen nach erreichbaren Dingen und probieren selbstständig aus, was sich damit machen lässt. Zeigt ihnen eine Bezugsperson, wie und wozu sich ein Gegenstand nutzen lässt, versuchen sie es nachzumachen.

Die frühen Erfahrungen eines Kleinkinds mit dem Essen prägen die Essgewohnheiten ein Leben lang. Erwachsene lernen immer noch weiter, das grundlegende Ess-„Programm" ist jedoch vorhanden (Ellrott 2007). Es lässt sich nur durch bewusste Anstrengung ändern, wie die langjährigen Erfahrungen in der Ernährungsberatung zeigen (Pudel/Westenhöfer 2003). Essen wird also in der Kindheit sowohl durch als auch beim Essen gelernt. Es spielt sich in der frühen Kindheit überwiegend in Form von Mahlzeiten ab, fast immer in Begleitung von erwachsenen Bezugspersonen. Auch wenn Familien heute seltener zusammen essen als früher, spielt die gemeinsame Mahlzeit in der Familie nach wie vor eine wichtige Rolle, insbesondere bei kleinen Kindern (Schlegel-Matthies 2002; siehe auch Köhler et al. und Schlegel-Matthies in diesem Band). Dabei spielt keine Rolle, wie sie eingenommen wird.

Einflussfaktoren auf die Prägung des Essverhaltens

Was beeinflusst die Art, wie wir essen lernen? Die Vielfalt der genetisch vorgegebenen und der Umwelt-Faktoren lässt sich zusammenfassen in: kulturelle und familiäre Gegebenheiten und Vorbilder, Interaktionen beim Essen und angeborene Eigenschaften. Auf diese wird im Folgenden nacheinander eingegangen.

Das kulturelle Umfeld

Die Kultur, in der wir aufwachsen, bildet den prägenden äußeren Rahmen für die Gewohnheiten, Einstellungen und Lebensweisen, die wir entwickeln, darunter auch die Essweise (Rozin 1988; Rützler 2007). Menschen können als Omnivoren prinzipiell lernen, alles zu essen, was in ihrem Umfeld als genießbar angeboten wird, insbesondere in der Kindheit. Die sie umgebende Kultur bestimmt zunächst, was als essbar gilt (Hundefleisch oder Hühnerfüße versus Schimmelkäse), wie es sich zubereiten lässt (Sushi versus Backfisch) und in welchem Zusammenhang es verzehrt wird (Hühnersuppe oder Brötchen zum Frühstück). Kinder lernen daher nicht, zu „essen, was sie mögen", sondern sie lernen „zu mögen, was sie essen" (Pudel/Westenhöfer 2003). Man nennt das auch den „mere exposure effect" (Birch/Fisher 1998).

Darüber hinaus liefert die Esskultur aber auch Regeln dafür, in welchem Rahmen Mahlzeiten stattfinden, wer zum Beispiel teilnimmt (Klein- oder Großfamilie), wo und wie gegessen wird. Schließlich nimmt sie Einfluss auf das Essverhalten des Einzelnen durch gesellschaftlich anerkannte Ansichten („Essen was auf den Tisch kommt") oder wissenschaftlich begründete („Kinder müssen Gemüse essen") (Rützler 2007).

Die familiären Gegebenheiten

Eingebettet in die umgebende Kultur ist das Elternhaus die „Welt" des Kindes. Durch die zunächst vollständige Versorgung in der Familie als Mikrokosmos lernt und glaubt es, dass das Leben so ist, wie es in diesem Elternhaus gelebt wird. Diese Erfahrung wird später durch zunehmende Einflüsse von außen, zum Beispiel durch Schule und Besuche bei Freunden, neu eingeordnet.

> **Kulturelle und familiäre Gegebenheiten und Vorbilder**
>
> Das **kulturelle Umfeld** bestimmt zum Beispiel
>
> - was, wie, wann als „essbar" gilt,
> - in welchem Rahmen Mahlzeiten stattfinden,
> - allgemeine/tradierte/wissenschaftliche Ansichten der Gesellschaft, die auf das Essverhalten Einfluss nehmen.
>
> Die **familiären Gegebenheiten** werden zum Beispiel beeinflusst durch
>
> - *die Geschmackspräferenzen der Eltern:*
>   Eltern als „Pförtner" des Lebensmittelkonsums – es wird vorwiegend gekauft und zubereitet, was den Eltern schmeckt.
> - *die Wertschätzung des Essens:*
>   verwendete(r) Zeit/Aufwand, gemeinsame Rituale, Atmosphäre, Kochfertigkeit etc.
> - *Einstellungen gegenüber Speisen durch Eltern:*
>   Bevorzugung des Gesundheits- oder Genussaspekts, der traditionellen oder modernen Küche, Tendenz zu Öko-, Qualitäts- oder Billigprodukten etc.
> - *die Alltagsorganisation der Mahlzeiten:*
>   Wann wird wie oft und wie gegessen, wer isst wann und wie mit?
> - *die familiäre Interpretation von Tischregeln:*
>   „Manieren" versus „Wertevermittlung" (= bürgerliche Benimmregeln vs. Reflexion darüber, was mit bestimmten Regeln bezweckt wird (Juul 2005)).
> - *die Vorbildwirkung der Eltern durch ihr eigenes Verhalten.*
> - *Interaktionen bei Tisch.*

Auf die letzten beiden Punkte im Infokasten wird wegen ihrer großen Bedeutung im Folgenden näher eingegangen.

Die Vorbildrolle der Eltern

Ihre eigene Rolle als „Modell" unterschätzen Eltern oft, vor allem wenn sie ihren Kindern „bessere" Eigenschaften beibringen wollen als sie selbst leben. Dabei ist die Vorbildwirkung ein nicht zu unterschätzender Faktor in der Sozialisation. Das Nachahmungslernen ist eine der wichtigsten Lernformen im Kindesalter. Es beginnt mit dem Nachahmen mütterlicher Mundbewegungen und Gesichtsausdrücke (Lächeln) durch den Säugling und setzt sich in allen Bereichen fort.

Babys zum Beispiel greifen früh auf die Teller ihrer Eltern, um genau das zu probieren, was die Eltern essen. Sie imitieren ihre Eltern, in dem sie diese ebenfalls füttern wollen, so wie sie es selbst erfahren. Kleinere Kinder übernehmen Gestik und Mimik ihrer Eltern, oft ohne dass es ihnen bewusst ist.

Galloway und sein Forschungsteam beobachteten in einer Studie mit 173 Mütter-Töchter-Paaren, dass der Gemüse- und Obstverzehr der Mädchen eher von dem entsprechenden Konsum der Mutter geprägt ist als von deren Esserziehungspraktiken (Galloway et al. 2005). Viele Autoren weisen der Modellrolle der Eltern in Bezug auf das Essverhalten der Kinder zunehmend Gewicht zu (Johnson 2000; Jansen/Tenney 2001; Rimal 2003; Benton 2004; Rützler 2004; Ellrott 2007). Die eigene Vorbildrolle können Eltern natürlich auch gezielt nutzen, um bestimmte Werte und Verhaltensweisen zu vermitteln. In der Ernährungserziehung wird dieser Aspekt noch nicht ernst genug genommen, weder zu Hause noch in Kindergarten und Schule.

Interaktionen beim Essen

Der Fokus liegt im Folgenden auf den Versuchen der Einflussnahme von Eltern auf das aktuelle oder langfristige Essverhalten des Kindes (ob reflektiert/gezielt oder nicht reflektiert/unbewusst). Es geht damit weniger um die allgemeinen Gespräche und Interaktionen bei Tisch. Die Grenzen sind allerdings fließend, denn die „Grundstimmung" beim Essen wirkt sich auch auf das Essverhalten aus. Die verschiedenen Strategien oder Verhaltensweisen der Eltern, die das kindliche Essverhalten beeinflussen, lassen sich in einem ersten Ansatz wie folgt zusammenfassen: als kontrollierende/verpflichtende Strategien, Restriktion, Belohnung/Bestrafung, rationale Argumente und autoritativer Erziehungsstil[1]. Alle pädagogischen Einflussnahmen zusammen wirken dabei vermutlich weniger stark als das Modellverhalten der Eltern. Bisher haben nur einzelne Studien konkrete Zusammenhänge zwischen elterlichem Verhalten und zum Beispiel dem Body-Mass-Index (BMI)[2] beziehungsweise dem Übergewicht der Kinder aufgezeigt. Der Einfluss auf die kindliche Entwicklung und gelernte Verhaltensweisen ist nahe liegend, auch wenn er sich mit solchen „harten" Daten nicht messen lässt. Weitere Forschung ist hierzu erforderlich.

---

[1] Autoritativer Erziehungsstil = Erziehungsstil, der klare Regeln und Führung durch die Erziehungspersonen mit Wertschätzung und positiver Zuwendung verbindet.
[2] Der Body Mass Index (BMI) ist ein Maß zur Bewertung von Übergewicht: Körpergewicht (kg)/ Körpergröße zum Quadrat (m^2).

1. Kontrollierende/verpflichtende Strategien

Eltern neigen natürlicherweise dazu, zu kontrollieren, was und wie viel ihr Kind isst. Damit vergewissern sie sich, dass das Kind ausreichend versorgt ist, insbesondere wenn Nahrungsknappheit oder -überfluss den Ernährungszustand bedrohen. Aufforderungen oder Gebote, bestimmte Speisen zu probieren oder aufzuessen (= verpflichtend und kontrollierend), gehören ebenso dazu wie Überredungs- und Verhandlungsversuche bezüglich Essmenge und Speisenauswahl (kontrollierend).

a) Störung der Hunger-Sättigungs-Regulation
Eltern übergehen häufig, dass Menschen grundsätzlich über eine angeborene Hunger-Sättigungs-Regulation verfügen. Diese Selbstregulation der Energieaufnahme funktioniert bei Säuglingen am besten und nimmt mit zunehmenden Einflüssen von außen ab. Ist beim Säugling noch das innere Hungersignal der einzige Auslöser für die Nahrungsaufnahme (primäre Bedürfnisse), treten im Laufe der Sozialisation viele zusätzliche Reize aus der Umwelt hinzu: zunächst der gute Geschmack, dann sehr schnell auch soziale Reize (sekundäre Bedürfnisse) (Benton 2004; Ellrott 2007). Eine Reihe von Experimenten (zum Beispiel von der Arbeitsgruppe um Birch) macht deutlich, dass Kinder eine unterschiedlich ausgeprägte, aber bessere Selbstregulation der Energieaufnahme besitzen als Erwachsene. Kleinere Kinder schneiden dabei besser ab als größere (Birch/Deysher 1986; Birch et al. 1991; Rolls et al. 2000).

Zu viel elterliche Kontrolle stört die innere Regulation (Johnson 2000), da sie Innen- durch Außenreize ersetzt: Die Kinder werden dazu angeleitet, die Autorität der Eltern über ihr eigenes inneres Empfinden zu stellen. In Notzeiten mag es dazu keine Alternative geben. Aber in einer Gesellschaft, in der Überfluss die Gesundheit der Menschen bedroht, ist die Verpflichtung zum Essen durch Eltern kritisch zu sehen.

Angesichts dieser kontraproduktiven Wirkungen stellt sich die Frage, warum Eltern überhaupt auf diese Idee kommen und ihr Kind nicht einfach essen lassen. Neben der natürlichen elterlichen Sorge (vgl. oben) kann die heutige Umwelt damit zusammenhängen, in der (zu) oft von Fehlernährung bei Kindern zu hören ist. Verunsicherte Eltern trauen ihren Kindern nicht zu, ihren Nahrungsbedarf selbst einzuschätzen. Das große Angebot an „ungesunden" Lebensmitteln verführt. Auch erkennen Mütter und Väter kindliche Verhaltensweisen im Alltag teilweise nicht oder akzeptieren sie aus pädagogischen Gründen nicht. Beispiele hierfür:

- „Ich esse nur so viel bis ich einigermaßen satt bin, um dann schnell wieder spielen zu können – auch wenn ich dann bald wieder Hunger habe."

- „Das schmeckt mir gut, deswegen esse ich davon so viel ich kriegen kann – auch wenn ich dann den Rest des Tages keinen Hunger mehr habe."
- „Ich bin misstrauisch gegenüber unbekannt aussehenden, riechenden oder schmeckenden Speisen."

Hier gilt es, Regeln zu finden, mit denen Eltern sich identifizieren können.

b) Zwang weckt Gegenwehr
In der Kinderpsychologie gilt, dass Kinder von sich aus gerne kooperieren. Sie verhalten sich zunächst authentisch, das heißt, dass sie nach echter Überzeugung oder Empfindung handeln. Dazu müssen sie sich aber ernst genommen und wertgeschätzt fühlen (Juul 2005). Zwang führt dagegen zu Gegenwehr, auch beim Essen (Galloway et al. 2005; Orrell-Valente et al. 2007). Nebenbei verdirbt Zwang auch den Genuss, die Freude am Essen. Dabei handelt es sich um entscheidende Faktoren für ein gesundes Essverhalten, die in der bisherigen Gesundheitsdiskussion unterschätzt werden (Rützler 2007).

Weit verbreitet ist die Regel, „von jeder Speise wenigstens ein bisschen zu probieren". Es handelt sich dabei um eine kontrollierende, verpflichtende Strategie. Zwar lernen Kinder einerseits gemäß dem „mere exposure effect" Speisen zu mögen, die sie probieren und nicht nur anschauen (Birch et al. 1987). Andererseits haben Kinder ebenso wie Erwachsene schon beim Ansehen und Riechen einer Speise und nicht erst nach dem Probieren eine genaue Vorstellung davon, ob sie diese essen möchten. Sie sind aber misstrauischer („neophobischer"), weil sie beim Essen weniger von der Ratio als von Gefühlen gesteuert sind.[3] Das Probieren findet daher am besten in einer „nicht-zwanghaften" Atmosphäre statt (Savage et al. 2007), um nicht auf Kosten der Esslust zu gehen und den Weg für unnötige Machtkämpfe bei Tisch zu ebnen (Juul 2005). Überdies funktioniert der „mere exposure effect" bei energiedichteren, beliebteren Speisen besser als bei energieärmeren, neutralen (Johnson et al. 1991; Jansen/Tenney 2001). Das heißt, gerade beim ungeliebten Gemüse könnte diese Strategie versagen. Der „mere exposure effect" kann also als Anreiz dienen, sich um das Kennenlernen vieler neuer Speisen in der Kleinkindzeit zu bemühen, nicht aber als Begründung dafür, alle Speisen probieren zu müssen.

Gerade in Deutschland scheint das Probieren-Müssen auch einen sozio-kulturellen Hintergrund zu haben: Wählerische Kinder passen hierzulande nicht in das traditionelle Bild eines wohlerzogenen Kindes, das alles isst, „was auf den Tisch kommt". Dagegen könnte sich die Strategie, das eigene Essen bewusst oder

---

[3] Zum Begriff der Neophobie siehe Pliner et al. 1993.

sogar „picky" (pickend) auszuwählen, im Überfluss sogar als vorteilhaft erweisen (Orrell-Valente et al. 2005; Rützler 2007).

Zusammenfassend stellen kontrollierende und/oder verpflichtende Vorgehensweisen Strategien dar, die kurzfristig wirksam, aber langfristig kontraproduktiv sind und dabei die Essatmosphäre verschlechtern. Ihr Einsatz will daher gut überlegt sein (Benton 2004; Faith 2004).

2. Restriktive Strategien

Für Eltern scheint in der heutigen Wohlstandsgesellschaft die einzige Strategie gegen den Überfluss „ungesunder" Lebensmittel (vor allem Süßigkeiten) in deren Beschränkung zu liegen. Diese erfolgt in unterschiedlichem Ausmaß hinsichtlich Menge und Häufigkeit.

Jedoch gewinnt alles, was beschränkt zugänglich, verknappt oder verboten ist, allein durch die Restriktion an Attraktivität. Das ist psychologisch erwiesen und wird in Marketinginstrumenten häufig genutzt. Je stärker die Beschränkung, desto größer die Begierde. Umgekehrt gilt, dass ein vollständig erfüllter Wunsch oder gestilltes Bedürfnis uninteressant wird. Experimente und Befragungsstudien zeigen, dass Kinder aus Familien, die Süßigkeiten nach eigener Aussage stärker beschränken, in ad libitum Laborsituationen mehr davon essen. Sie hatten dabei zum Teil schlechtere Gefühle als Kinder aus Familien, die mehr zulassen (eine Übersicht dazu gibt Faith et al. 2004).

Zu starke Beschränkungen verbunden mit moralischem Druck können so schon frühzeitig eine Spirale in Gang setzen: Reichliches Essen „verbotener" Lebensmittel und darauf folgende Schuldgefühle wechseln sich ab und steigern sich gegenseitig. Die Strategie der Beschränkung scheint daher eine riskante Vorgehensweise. Sie scheint aber angesichts der aktuellen Überflusssituation zu einem gewissen Grad unvermeidbar und ist maßvoll ausgeübt akzeptabel (Faith et al. 2004). Es bedarf jedoch noch weiterer Diskussion hierüber.

3. Belohnung/Bestrafung

Belohnung und Bestrafung sind schon vor Jahrzehnten in die Diskussion geratene, traditionelle Elemente der Erziehung. Hintergrund ihrer Anwendung in der Ernährungssozialisation ist das Anliegen der Eltern, ihre Kinder dazu zu bewegen, bestimmte Speisen(-mengen) zu essen. Folgt das Kind, wird es belohnt, folgt es nicht, droht Bestrafung.

Die langfristigen Resultate dieser verbreiteten und zunächst oft wirkungsvollen Maßnahme sind aber nicht immer die anstrebenswerten: Es gelingt zwar zum Teil, das Kind in der aktuellen Situation zum Essen zu bringen. Langfristig aber müssen sich die Erziehungspersonen darüber im Klaren sein, dass die Wertschätzung der ungeliebten Speise (zum Beispiel Möhren) weiter sinkt. Eine Handlung, für die man belohnt werden muss, macht einen wenig erstrebenswerten Eindruck. Die Präferenz für die Belohnungsspeise („etwas Süßes") steigt hingegen eher noch. Das verdeutlichen Experimente (Birch et al. 1980; Birch et al. 1984; Mikula 1989). Wie bei verpflichtenden Strategien werden auch hier Innen- durch Außenreize ersetzt. Des Weiteren führen Belohnung und Bestrafung allein nicht zu der beabsichtigten Weiterführung eines Verhaltens. Dazu bedarf es weiterer Effekte wie Erfolgs- oder positiver Geschmackserlebnisse. Treten diese nicht ein, wird das Verhalten eingestellt sobald Belohnung oder Bestrafung enden (Juul 2005; Stark et al. 1986). Ein Kind, das sich die ungeliebten Möhren stets nur aufgrund der Aussicht auf leckeren Nachtisch einverleibt, wird diese als Erwachsener deswegen nicht gerne essen. Im Gegenteil, die Erinnerung an viele negative Geschmackserlebnisse führt dann eher dazu, einen Bogen darum zu machen.

Zusammengefasst sind belohnende und bestrafende Strategien kurzfristig häufig als wirksam, langfristig aber als unwirksam bis kontraproduktiv einzuschätzen. Ihr Erfolg hängt davon ab, mit welchem Ziel sie eingesetzt werden. Als Ausnahmevorgehen können sie in einer akuten Situation im Essalltag hilfreich sein, als Dauerregelung versagen sie in der Ernährung wie in anderen Erziehungsbereichen.

4. Rationale Argumente

In Zeiten von Schlankheits- und Gesundheitsideal einerseits und der Überernährung breiter Bevölkerungsschichten andererseits versuchen Eltern ihren Kindern mit rationalen Argumenten „gesunde" Lebensmittel nahe zu bringen. Gleiches gilt für die Multiplikatoren in der Ernährungsaufklärung. Sie berufen sich dabei auf den Gesundheitswert gewünschter Speisen sowie zu hohe Energiegehalte unerwünschter Speisen.

Kinder können bis ins Grundschulalter hinein mit dem Begriff „Gesundheit" – so wie die Erwachsenen ihn verstehen – nichts anfangen. Das ist letzteren nicht ausreichend bewusst. Größere Kinder verstehen zwar besser, was gemeint ist. Der Gesundheitsbegriff bleibt aber ambivalent solange Erwachsene mit gesunden Lebensmitteln argumentieren, dabei aber selbst eine große Wertschätzung für Ungesundes vorleben. Dies kann offen geschehen, zum Beispiel in Pauschalurteilen wie „Na ja, Vollkornnudeln schmecken eben einfach nicht", oder versteckt: Wenn zum Beispiel zu festlichen Anlässen oder zum Genuss („wenn schon, denn schon") die als ungesund eingeordneten Speisen verzehrt werden (häufig auch noch in großen Mengen).

Rationale Argumente sind daher wohl dosiert, zum richtigen Zeitpunkt und unter Berücksichtigung des eigenen (gegensätzlichen) Verhaltens einzusetzen. Sonst verunsichern sie, rufen gegenteilige Reaktionen hervor oder verderben schlicht die Freude am Essen (Ellrott 2007; Rützler 2007). Bei kleinen Kindern sollten Eltern ganz darauf verzichten und stattdessen mit Genuss und Vorbild arbeiten.

5. Autoritativer Erziehungsstil

Die vorhergehenden Abschnitte beschäftigen sich mit Vorgehensweisen in der Ernährungserziehung, die langfristig als nicht oder kaum zielführend einzuschätzen sind. Sie wirken der angestrebten Entwicklung eines bedarfsgerechten Ernährungsverhaltens sogar eher entgegen. Wie aber sieht eine zielführende Strategie aus?

Bei den Experten besteht dazu derzeit national und international Einigkeit: Als Lösung gilt ein autoritativer Erziehungsstil wie er aktuell in der Pädagogik verfolgt wird. Die Erziehungslinie setzt auf klare Regeln. Diese sind aber im Gegensatz zur autoritären Erziehung mit positiver Zuwendung und Wertschätzung des Kindes als „Experte in eigener Sache" verbunden. Voraussetzung dafür ist die Annahme, dass Kinder von sich aus authentisch agieren und kooperationswillig sind, wenn sie in ihren Befindlichkeiten ernst genommen werden und ihnen Vertrauen entgegengebracht wird (Juul 2005). Überwiegen dagegen Misstrauen und Kontrolle, reagieren sie mit Gehorsam oder Verweigerung. Beides ist ausgerichtet am elterlichen Verhalten und damit nicht mehr authentisch.

Experten in eigener Sache sind Kinder in den Bereichen, in denen sie (abhängig vom Alter) tatsächlich in der Lage sind, sich selbst einzuschätzen und selbst zu entscheiden: zum Beispiel bei der Essmenge. Klare Regeln greifen dann, wenn die Eltern Verantwortung übernehmen müssen: zum Beispiel im sozialen Miteinander, das Kinder erst lernen müssen, oder bei der Lebensmittelauswahl im Supermarkt.

Positive Zuwendung und Vertrauen finden sich in einer möglichst unbelasteten Essatmosphäre wieder, in der die Eltern die Speisen mit Aufmerksamkeit und Zuwendung anbieten und die Entscheidung des Kindes über Menge und Wahl akzeptieren. Das Essverhalten des Kindes wird damit allerdings zum Teil von den Vorstellungen der Eltern abweichen. Das verlangt einiges an Toleranz und Vertrauen (Juul 2005; Rützler 2007). Bei sehr wählerischen oder am Essen wenig interessierten Kindern ist das eine große Herausforderung. Aber Eltern haben durch ihre Funktion als „Pförtner" des Speisenangebots weiterhin große Einflussmöglichkeiten und Verantwortung. Das Vertrauen wird darüber hinaus erleichtert (zumindest hinsichtlich der Essmenge), wenn Eltern von Anfang an versuchen, die innere Hunger-Sättigungs-Regulation ihrer Kinder zu erhalten. Das erreichen sie, indem sie die Sättigungssignale beachten und sich aktiv über Hunger und Sattsein mit diesen verständigen. Die Frage „Möchtest du noch etwas oder bist du satt?" kann so oder so ähnlich regelmäßig das Essen abschließen.

Kinder, die auf diese Weise ernst genommen werden, verzichten beim Essen eher auf Machtkämpfe und konzentrieren sich leichter auf innere Signale und das Angebot der Eltern (Birch et al. 1987; Johnson 2000; Benton 2004; Juul 2005). Dies scheint in unserer heutigen Überfluss-Gesellschaft langfristig die erfolgversprechendste Strategie zu sein, um bedarfsgerechtes Essverhalten zu entwickeln.

Interaktionen beim Essen (verschiedene Strategien)

Kontrollierende/verpflichtende Strategien
Eltern neigen dazu, kontrollieren zu wollen, was und wie viel das Kind isst.

Beispiele:
- Aufforderung: „Das halbe Brötchen isst du noch auf." „Es wird von allem probiert."
- Verhandlung: „noch vier Gabeln ..."
- Überredung: „noch ein Löffel für Omi"

Wirkungen:
Zu viel elterliche Kontrolle stört die angeborene Hunger-Sättigungs-Appetit-Regulation. Verpflichtung/Zwang weckt Gegenwehr, verdirbt Genuss.
⇨ Kurzfristig wirksame, aber die Atmosphäre verschlechternde Strategie – langfristig kontraproduktiv

Restriktive Strategien
Eltern haben Angst vor gesundheitlichen Schäden durch „ungesundes" oder zu viel Essen.

Beispiele:
- „Bei uns gibt es Süßigkeiten nur zu besonderen Anlässen."
- „Nicht mehr als zwei Gummibärchen pro Kind."

Wirkungen:
Alles, was beschränkt ist, ist besonders interessant. Je stärker die Einschränkung, desto größer die Begierde.
⇨ Riskante, aber im Bereich Süßigkeiten z. T. unumgängliche Strategie

Belohnungs-/Bestrafungsstrategien

Kinder sollen von Eltern (zum Beispiel aus gesundheitlichen Gründen) erwünschte Speisen essen.

Beispiele:
- „Wenn du die Möhren noch isst, darfst du nachher etwas Süßes."
- „Wenn du nicht aufisst, bekommst du auch keinen Nachtisch."

Wirkungen:
Man bekommt das Kind meist in der aktuellen Situation zum Essen. Aber: Wertschätzung des zu belohnenden Lebensmittels sinkt eher, gegessen wird nur solange, wie auch belohnt wird. Äußere Reize werden wichtiger als innere.
⇨ Kurzfristig wirksame, langfristig kontraproduktive Strategie

Rationale Strategien

Eltern versuchen, Kindern mit rationalen Argumenten „gesunde" Lebensmittel nahe zu bringen.

Beispiele:
- „Iss doch bitte etwas Gemüse, das ist gesund."
- „Iss nicht so viel Pudding, davon wird man dick."

Wirkungen:
„Gesund" ist für Kinder zu abstrakt, sie können damit nichts anfangen (außer im Zusammenhang mit Krankheit). Begriff ist ambivalent, solange „eigentlich die ungesunden Sachen besser schmecken".
⇨ Bei kleinen Kindern ungeeignete, weil verunsichernde Strategie

Autoritative Strategien

Kinder sind kooperationswillig, wenn sie ernst genommen werden und ihnen vertraut wird. Aktuelle Erziehung setzt auf klare Regeln, verbunden mit positiver Zuwendung, Wertschätzung als „Experte in eigener Sache".

Beispiele:
- Mit Aufmerksamkeit/Zuwendung verbundenes Angebot der Eltern: „Möchtest du nicht doch noch probieren, das ist wirklich lecker."
- Auseinandersetzung mit Hunger/Sattsein: „Möchtest du noch etwas oder bist du satt?"

Wirkungen:
Kinder, die ernst genommen werden in ihren Stimmungen/Bedürfnissen etc., können auf Machtkämpfe verzichten und sich beim Essen leichter auf innere Signale und das Angebot der Eltern konzentrieren.
⇨ Langfristig vermutlich zielführende Strategie!

Angeborene Eigenschaften

Neben den bisher beschriebenen Umwelteinflüssen spielen auch genetische Vorbedingungen eine große Rolle bei der Entwicklung des individuellen Essverhaltens. Diese werden im Folgenden, ohne näher darauf einzugehen, in drei Gruppen zusammengefasst.

1. Genetisch festgelegte Geschmacksvorlieben

Die Vorliebe des Menschen für süßen Geschmack ist angeboren. Wahrscheinlich gilt dies auch für Salziges und die Vermeidung von Saurem und Bitterem. Es erscheint biologisch zumindest sinnvoll. Während Neugeborene noch den höchsten Süßegrad wählen und Salziges, Bitteres und Saures ablehnen, mögen Kleinkinder schon Salziges. Spätestens im Erwachsenenalter werden auch saure und bittere Geschmacksrichtungen attraktiv (Dr. Rainer Wild-Stiftung 2008). Bei der Akzeptanz des Bittergeschmacks spielt die genetisch festgelegte Ausprägung des „PROP-Schmeckens" (PROP = 6-n-Propylthiouracil, ein bitterer Geschmacksstoff) eine zusätzliche Rolle (Benton 2004). Gelernt, aber biologisch vorgegeben, ist möglicherweise auch eine Vorliebe für sättigende, fettreiche Speisen (Johnson et al. 1991). Präferenzen für komplexere Geschmackseindrücke scheinen dagegen von den Umwelteinflüssen geprägt (Benton 2004).

2. Persönlichkeit

Essgewohnheiten stehen wie viele Verhaltensweisen im Zusammenhang mit Persönlichkeitsmerkmalen. Ein agiles, neugieriges Kind wird zum Beispiel beim Essen eher impulsiv auf bestimmte Umwelt- oder Elterneinflüsse reagieren. Es wird sich damit wahrscheinlich leichter vom Essen ablenken lassen. Ein bedächtiger, abwartender Charakter wird sich dabei mehr Zeit nehmen und Eindrücke verarbeiten, bevor er handelt.

3. Körperliche Konstitution

Schließlich spielt die körperliche Konstitution eine große Rolle, und hier vor allem inter- und intraindividuelle Unterschiede in der Energieverwertung und im Nährstoffbedarf. Kinder benötigen von klein an individuell verschiedene Energiemengen, um ihren Energiehaushalt auszugleichen (Alexy/Kersting 2006). Das beeinflusst den Umgang mit Essen sowie die Essmenge entscheidend.

Angeborene Eigenschaften

- genetisch festgelegte Geschmacksvorlieben:
  süß, salzig, evtl. fettreich
- Persönlichkeit:
  zum Beispiel agiler versus bedächtiger, neugieriger versus abwartender Charakter
- körperliche Konstitution:
  inter- und intraindividuelle Unterschiede in Energie- und Nährstoffbedarf

---

Die individuellen Verschiedenheiten der Kinder und ihr Einfluss auf das Verhalten werden von Eltern oft unterschätzt und erschweren den Umgang mit standardisierten Empfehlungen. Ein Standard-Kind gibt es jedoch nicht. Jedes Kind benötigt eine eigene Art der Fürsorge und individuelle Herangehensweisen in der Erziehung.

Ausblick

Aus den bisherigen Ausführungen, die überwiegend auf der Auswertung vorliegender Literatur basieren, können vorerst folgende Schlüsse gezogen werden:

Kinder beim Erlernen günstiger Essgewohnheiten unterstützen

Folgende Faktoren unterstützen Kinder beim Erlernen bedarfsgerechter Essgewohnheiten in der Familie:

- Eltern sind sich ihrer verantwortungsvollen Aufgabe als „Pförtner" für ein gutes Angebot bezüglich Speisen, Mahlzeitenstruktur und Essumfeld bewusst und nutzen dies.
- Eltern verständigen sich auf einen autoritativen Erziehungsstil, der klare Regeln mit Wertschätzung verbindet.
- Eltern sind sich ihrer eigenen Rolle als „Ess-Modell" beziehungsweise Vorbild bewusst und verhalten sich dementsprechend verantwortlich, um von ihren Kindern (unbewusst) nachgeahmt zu werden.

Eltern sollten durch Fach- und Mittlerkräfte in diesem Bereich Unterstützung bekommen. Auf welche Weise und in welchem Rahmen, ist gerade in Bezug auf sozial schwache Familien ein bisher ungelöstes Problem und bedarf der weiteren Diskussion und Erprobung.

In Forschung und Ernährungsbildung den Fokus erweitern

Der Einfluss genetischer Anlagen, pränataler Prägung[4] und der Ernährungssozialisation des Kindes auf das Essverhalten wird immer deutlicher. Der Fokus im Bereich der Forschung der Kinderernährung ist daher zu erweitern von der gut untersuchten Versorgung der Kinder mit Nahrung und Nährstoffen auf die Faktoren, die die Essgewohnheiten prägen.

Die dadurch gewonnenen Erkenntnisse sind auch in Ernährungsbildung und Gesundheitsförderung einsetzbar. Damit lässt sich die in der Praxis immer noch vorherrschende Vermittlung von Ernährungswissen erweitern um die Berücksichtigung und günstige Beeinflussung angeborener Eigenschaften und erlernter Ernährungsverhaltensweisen.

Kampagnen wie „5-am-Tag" sind in den letzten Jahren mit großem Aufwand betrieben worden. Sie beziehen sich aber weiterhin auf rationale Essentscheidungen. Es ist zu überdenken, ob daher nicht im Bereich Ernährungsbildung auf Verhaltensweisen ausgerichtete Botschaften wie „Du bist ein Vorbild für dein Kind" oder „Gemeinsam essen macht Familien stark" vorstellbar sind.

...und im Alltag?

Die hier von Eltern geforderten Verhaltensweisen bei der Ernährungssozialisation ihrer Kinder (wie auch in der übrigen Erziehung) sind anspruchsvoll. Ziel kann daher nicht sein, jeden Tag und jede Mahlzeit in perfekt gelassener, angenehmer Atmosphäre zu verbringen. Familiäres Zusammenleben bedeutet immer auch Phasen, die von Konflikten, Fehlern oder Hilflosigkeit geprägt sind. Dazu bringen Eltern immer auch ihre eigenen Probleme, wie zum Beispiel kontrolliertes Essverhalten oder Essstörungen mit. In ihrem persönlich möglichen Rahmen aber gilt es, auf die Werte zu achten, die man in der Familie leben will. Der „rote Faden" ist immer wieder aufzunehmen, wenn er mal entglitten ist. Im Alltag bedarf es neben der geschilderten Bewusstheit und Verantwortung eben auch der

---

[4] Wird hier nicht weiter ausgeführt.

Gelassenheit, wenn etwas nicht so läuft wie gedacht. Für diese Botschaft sind gerade Mütter meist dankbar.

Literatur

Alexy, U.; Kersting, M.: Unterschiede im Nahrungsbedarf von Kindern. Ernährungs-Umschau 53, 2006, S. 242.

Benton, D.: Role of parents in the determination of the food preferences of children and the development of obesity. International Journal of Obesity 28, 2004, pp. 858–869.

Birch, L. L.; Deysher, M.: Caloric compensation and sensory specific satiety: evidence for self regulation of food intake by young children. Appetite 7, 1986, pp. 323–331.

Birch, L. L., Zimmerman; Sheryl, I.; Hind, H.: The influence of social-affective context on the formation of children's food preferences. Child Development 51, 1980, pp. 856–861.

Birch, L. L.; Marlin, D. W.; Rotter, J.: Eating as the „means" activity in a contingency: Effects on young children's food preference. Child Development 55, 1984, pp. 431–439.

Birch, L. L.; McPhee, L.; Shoba, B. C.; Pirok, E.; Steinberg, L.: What kind of exposure reduces children's food neophobia? Looking vs. tasting. Appetite 9, 1987, pp. 171–178.

Birch L. L.; Johnson, S.; Andresen, G.; Peters, J.; Schulte, M.: The variability of young children's energy intake. New England Journal of Medicine 324, 1991, pp. 232–235.

Birch L. L.; Fisher J. O.: Development of eating behaviours among children and adolescents. Pediatrics 101, 1998, Suppl, pp. S539–S548.

Dr. Rainer Wild-Stiftung (Hg.): Geschmäcker sind verschieden. Wie sich Geschmackspräferenzen prägen und entwickeln, 2008. Online: www.gesunde-ernaehrung.org/mediadb/ Presse/Fact_Sheet/Themenpapier_3-_final.pdf, Stand: 27.01.2009.

Ellrott, T.: Wie Kinder essen lernen. Ernährung 1, 2007, S. 167–173.

Faith, M. S.; Scanlon, K. S.; Birch, L. L.; Francis, L. A.; Sherry, B.: Parent-child feeding strategies and their relationships to child eating and weight status. Obesity Research 12, 2004, pp. 1711–1722.

Galloway, A. T.; Fiorito, L.; Lee, Y.; Birch, L. L.: Parental pressure, dietary patterns, and weight status among girls who are „picky eaters". Journal of the American Dietetic Association 105, 2005, pp. 541–548.

Jansen, A.; Tenney, N.: Seeing mum drinking a „light" product: is social learning a stronger determinant of taste preference acquisition than caloric conditioning? European Journal of Clinical Nutrition 55, 2001, pp. 418–422.

Johnson, S. L.; McPhee, L.; Birch, L. L.: Conditioned preferences: young children prefer flavours associated with high dietary fat. Physiology & Behaviour 50, 1991, pp. 1245–1251.

Johnson, S. L.: Improving preschoolers' self-regulation of energy intake. Pediatrics 106, 2000, pp. 1429–1435.

Juul, J.: Was gibt's heute? Gemeinsam essen macht Familien stark. Weinheim 2005.

Methfessel, B.: REVIS Fachwissenschaftliche Konzeption: Soziokulturelle Grundlagen der Ernährungsbildung. In: Paderborner Schriften zur Ernährungs- und Verbraucherbildung, Band 7. Paderborn 2005.

Mikula, G.: Influencing food preferences of children by „if-then" type instructions. European Journal of Social Psychology 19, 1989, pp. 225–241.

Orrell-Valente, J. K.; Hill, L. G.; Brechwald, W. A.; Dodge, K. A.; Pettit, G. S.; Bates, J. E.: „Just three more bites": An observational analysis of parents' socialization of children's eating at mealtime. Appetite 48, 2007, pp. 37–45.

Pliner, P.; Pelchat, M.; Grabski, M.: Reduction of neophobia in humans by exposure to novel foods. Appetite 20, 1993, pp. 111–123.

Pudel, V.; Westenhöfer, J.: Ernährungspsychologie. Eine Einführung. 3. Auflage. Göttingen 2003.

Rimal, R. N.: Intergenerational Transmission of Health: The Role of Intrapersonal, Interpersonal, and Communicative Factors. Health Education & Behavior 30, 2003, pp. 10–28.

Rolls, B. J.; Engell, D.; Birch, L. L.: Serving portion size influences 5-year-old but not 3-year-old children's food intakes. Journal of the American Dietetic Association 100, 2000, pp. 232–234.

Rozin, P.: Social learning about food by humans. In: Zentall, T.; Galef, B. Jr.: Social learning. Psychological and biological perspectives. Hillsdale, New Jersey 1988, pp. 165–187.

Rützler, H.: Kinder lernen essen. Strategien gegen das Zuviel. Wien 2007.

Schlegel-Matthies, K.: „Liebe geht durch den Magen." Mahlzeit und Familienglück im Wandel der Zeit. Der Bürger im Staat 52 (4), 2002, S. 208–212.

Stark, L.; Collins, F.; Osnes, P.; Stokes, T.: Using reinforcement and cueing to increase healthy snack food choices in preschoolers. Journal of Applied Behavior Analysis 19, 1986, pp. 367–379.

Frühstück von Kindern und Jugendlichen – aktuelle Trends

Ute Alexy, Mathilde Kersting

Bedeutung des Frühstücks

Als erste Mahlzeit des Tages dient das Frühstück dazu, die über Nacht geleerten Energie- und Nährstoffspeicher wieder aufzufüllen. Es übernimmt einen Anteil der täglichen Bedarfsdeckung (Ortega et al. 1998; Matthys et al. 2007; Utter et al. 2007). Jugendliche, die ein qualitativ hochwertiges Frühstück zu sich nehmen, haben über den Tag eine bessere Ernährungsqualität, gemessen an Nährstoff- und Lebensmittelmustern (Matthys et al. 2007). Das Frühstück liefert etwa 24 bis 26 Prozent der täglichen Energiezufuhr und deckt damit im Schnitt den Energieverbrauch an einem Schulvormittag ohne Sportunterricht ab. Allerdings gibt es hier große Unterschiede zwischen einzelnen Individuen (Vermorel et al. 2003). Findet vormittags bereits ein zweistündiger Sportunterricht statt, reicht auch ein durchschnittliches Frühstück nicht aus, um den gesamten morgendlichen Bedarf zu decken. Dies macht die Notwendigkeit eines zweiten Frühstücks im Laufe des Vormittags deutlich (Vermorel et al. 2003).

Studien zeigen, dass die geistige Leitungsfähigkeit steigt, wenn gefrühstückt wird (zum Beispiel Vaisman et al. 1996; Kleinman et al. 2002). Es ist allerdings nicht eindeutig, ob es sich bei dieser Korrelation tatsächlich auch um einen ursächlichen Zusammenhang handelt. Kognitive Veränderungen sind nur eingeschränkt messbar. Viele Studien erfolgen zudem nur mit kleinen Probandengruppen. Gemäß der Studienlage profitieren von einem Frühstück vor allem Kinder, die nicht regelmäßig morgens essen. Auch das Zeitfenster ist entscheidend: Kinder, die in der Schule (also erst 30 Minuten vor einem kognitiven Test) frühstücken, erbringen bessere Leistungen als solche, die die Mahlzeit zu Hause (das heißt zwei Stunden vorher) oder gar nicht zu sich nehmen (Vaisman et al. 1996).

Zahlreiche Studien beschäftigen sich auch mit einem möglichen Zusammenhang zwischen Frühstück und Übergewicht bei Kindern und Jugendlichen. Es zeigt sich, dass Kinder, die regelmäßig frühstücken, ein geringeres Risiko für die Entwicklung von Übergewicht haben (zum Beispiel Albertson et al. 2007; Utter et al. 2007; Mota et al. 2008; Timlin et al. 2008). Nur wenige Studien finden hier keinen Zusammenhang (zum Beispiel Affenito et al. 2005; Vagstrand et al. 2007).

Häufigkeit des Frühstücksverzehrs

In einer repräsentativen Untersuchung aus den Jahren 1997 bis 1999 geben immerhin 16 Prozent der Kinder und 27 Prozent der Jugendlichen im Alter von sechs bis 16 Jahren an, vor der Schule nicht zu frühstücken. Andere, meistens nicht repräsentative, sondern nur lokale Untersuchungen kommen zu anderen (teils höheren, teils niedrigeren) Werten. Allen gemeinsam ist, dass ein nennenswerter Teil der Kinder und Jugendlichen nicht frühstückt, wobei dieser mit dem Alter noch zunimmt.

Diesen Alterstrend bestätigt eine aktuelle Auswertung der DONALD[1] Studie, die am Forschungsinstitut für Kinderernährung in Dortmund (FKE) seit 1985 durchgeführt wird. In dieser Studie werden jedes Jahr 40 Säuglinge rekrutiert, die bis zum Alter von 18 Jahren jährlich ein Drei-Tage-Wiege-Ernährungsprotokoll erstellen. Sie ist daher gut geeignet, um sowohl Zeit- als auch Alterstrends in der Ernährung zu erfassen.

Abbildung 1 zeigt, an wie viel Prozent der Protokolltage zwei- bis 18-jährige Probanden der DONALD Studie ein erstes Frühstück einnehmen. Während dies bei Zweijährigen noch in fast allen Protokollen enthalten ist, sinkt der Anteil mit dem Alter deutlich und statistisch signifikant ab. Die 18-Jährigen frühstücken bereits an mehr als 25 Prozent der Protokolltage nicht mehr.

Somit bestätigt die DONALD Studie eine Umfrage der Zentralen Markt- und Preisberichtstelle (ZMP) aus dem Jahr 2005 (ZMP 2005). Während in den Klassen eins bis vier noch 92 Prozent der befragten Schüler frühstücken, sind es in der fünften bis siebten nur noch 78 Prozent, in der achten bis zehnten 57 Prozent und in der elften bis 13. Klasse 53 Prozent.

Neben dem Rückgang des Frühstücksverzehrs mit dem Alter scheint es auch im Laufe der Zeit einen negativen Trend zu geben. Abbildung 2 zeigt, an wie viel Prozent der Protokolltage die Probanden der DONALD Studie zwischen 1986 und 2007 ein erstes Frühstück einnahmen. Dieser Trend ist zwar nicht so ausgeprägt wie der Alterstrend, aber ebenfalls statistisch signifikant. Eine vergleichende Untersuchung aus Deutschland ist den Autoren nicht bekannt. Allerdings gibt es Studien aus den USA, die ebenfalls eine Zunahme beim Verzicht auf diese Mahlzeit feststellen (Kant/Graubard 2006).

Mehrere Studien zeigen darüber hinaus, dass Mädchen häufiger auf das Frühstück verzichten als Jungen (Keski-Rahkonen et al. 2003; Utter et al. 2007; Mota et al. 2008; Timlin et al. 2008).

Ein entscheidendes Kriterium ist zudem der Wochentag. Unter der Woche frühstücken im Gesamtkollektiv der DONALD Studie durchschnittlich 50 Pro-

---

[1] DONALD steht für *DOrtmund Nutritional and Anthropometric Longitudinally Designed Study.*

Abbildung 1 Alterstrends beim Frühstück

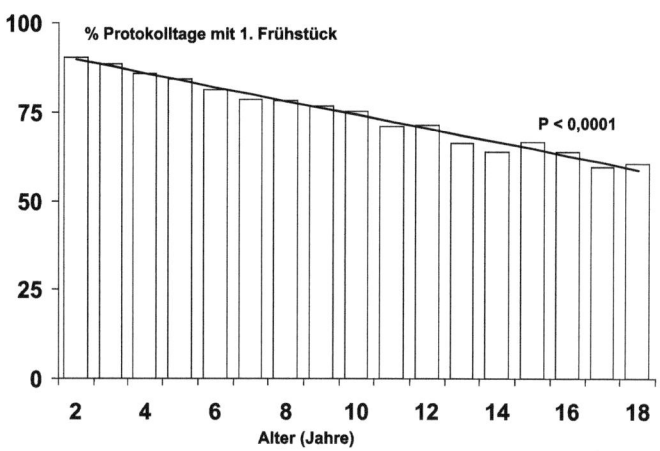

% Protokolltage mit Frühstück bei 1.081 Probanden der DONALD Studie (534 Jungen, 547 Mädchen) im Alter von zwei bis 18 Jahren (7.800 Wiege-Protokolle, 23.400 Protokolltage), 1986 bis 2007.

Abbildung 2 Zeittrends beim Frühstück

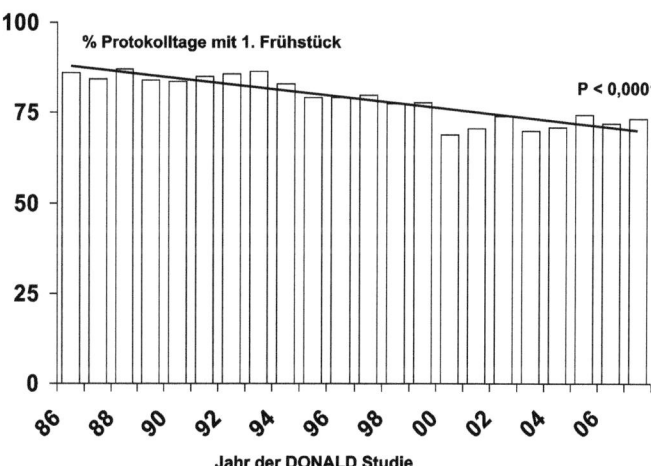

% Protokolltage mit Frühstück bei 1.081 Probanden der DONALD Studie (534 Jungen, 547 Mädchen) im Alter von zwei bis 18 Jahren (7.800 Wiege-Protokolle, 23.400 Protokolltage), 1986 bis 2007.

zent. An den Wochenendtagen sind es mit 61 Prozent deutlich mehr. Wahrscheinlich spielt hier die Zeit eine bedeutende Rolle: Am Wochenende steht davon mehr für ein Frühstück in der Familie zur Verfügung.

Ein wichtiger Einflussfaktor auf das Frühstücksverhalten ist der sozioökonomische Status. Die Kinder- und Jugendgesundheitsstudie *Health Behaviour in School-aged Children Study* (HBSC) untersucht, inwieweit das Ernährungs- beziehungsweise Gesundheitsverhalten mit diesem zusammenhängt. Dazu werden circa 6.000 Kinder und Jugendliche im Alter von elf, 13 und 15 Jahren aus etwa 250 Klassen weiterführender Schulen in Berlin, Hessen, Nordrhein-Westfalen und Sachsen befragt. Während in der Armutsgruppe 22 Prozent an Schultagen nicht frühstücken, sind es bei den übrigen nur 13 Prozent. Diese Angewohnheit geht mit weiteren ungünstigen Gesundheitsverhaltensmustern einher. In der Armutsgruppe trinken beispielsweise 42 Prozent täglich Süßgetränke oder Cola (übrige: 33 Prozent), 18 Prozent essen selten oder nie Gemüse (übrige: 14 Prozent) (Ravens-Sieberer/Thomas 2002).

Gründe für den Frühstücksverzicht

Eine finnische Studie mit über 5.448 Jugendlichen im Alter von 16 Jahren kommt zu ähnlichen Ergebnissen wie die oben erwähnte HBSC Studie. Das Frühstück scheint dabei ein Indikator für einen ganz bestimmten Lebensstil zu sein. Der Verzicht auf diese Mahlzeit geht auch in Finnland mit einem ungesunden Lebensstil einher. Das heißt, Jugendliche, die rauchen, sich weniger bewegen oder häufiger Alkohol trinken, frühstücken auch seltener. Allerdings wird ebenfalls deutlich, dass das Verhalten der Eltern, also das Vorbild, eine wichtige Einflussgröße ist: Wenn die Eltern regelmäßig frühstücken, handhaben ihre Kinder es ebenso (Keski-Rahkonen et al. 2003).

Auch eine schwedische Studie mit 1.245 15- und 16-Jährigen belegt einen Zusammenhang zwischen dem Frühstücksverzicht und ungesunden Lifestyle-Faktoren, vor allem dem Rauchen (Sjoberg et al. 2003). Dieses Essverhalten darf daher nicht isoliert betrachtet werden. Es ist die gesamte Ernährung, der allgemeine Lebensstil zu berücksichtigen.

Einen wesentlichen Grund, nicht zu frühstücken, stellt der Versuch der Gewichtsregulation dar. Vor allem Mädchen geben häufig an, auf diese Weise ihren Kalorienverzehr regulieren und ihr Gewicht halten zu wollen. Interessant ist aber auch, dass viele Kinder und Jugendliche einfach morgens keinen Hunger oder Appetit haben und deshalb nichts essen möchten. Laut Ernährungsbericht 2000 haben 72 Prozent der Zwölf- bis 17-Jährigen mittags den größeren Appetit (Pudel 2000). Die fehlende Esslust am Vormittag steigt mit zunehmendem Alter an.

Auch Zeitmangel und die daraus resultierende Hektik können wesentliche Gründe für den Frühstücksverzicht sein (Barlovic 2002).
Im Idealfall ist das Frühstück eine Familienmahlzeit. Laut Ernährungsbericht 2000 sind 79 Prozent der Schüler unter zwölf Jahren und 58 Prozent der Jugendlichen dabei nie allein. Auf sechs Prozent beziehungsweise 15 Prozent trifft dies jedoch wochentags immer zu. Am Wochenende gibt es allerdings für 98 Prozent ein gemeinsames Frühstück mit der Familie (Pudel 2000). Die Ernährungsstudie als KIGGS-Modul (EsKiMo) kommt zu ähnlichen Ergebnissen: Von den sechs- bis zwölfjährigen Kindern frühstücken 40 Prozent täglich mit ihrer Familie, bei den älteren sind es nur noch 24 Prozent (Mensink et al. 2007).

Frühstücksqualität

Umfragen zeigen, dass das klassische Butterbrot, entweder süß oder pikant, das beliebteste Frühstück ist, gefolgt von Milch und Cerealien (Cornflakes usw.). Obst beziehungsweise Rohkost wird hierzu hingegen kaum verzehrt (Clausen 1996). Bei den Getränken sind Milch beziehungsweise Kakao am begehrtesten, gefolgt von Tee und Kaffee. Säfte und Limonade befinden sich im Mittelfeld. (Mineral-) Wasser ist eher seltener Bestandteil des Frühstücks.
Allerdings zeigt eine aktuelle Auswertung der DONALD Studie im Laufe der letzten Jahre eine leichte Verschiebung weg vom Butterbrot hin zu Frühstückscerealien oder Müslis. Diese werden mit zunehmendem Alter noch deutlich häufiger verzehrt. Ihr Anteil verdoppelt sich von zehn Prozent der Frühstücksmahlzeiten bei den Zweijährigen auf 20 Prozent bei den 18-Jährigen (Alexy et al. 2010).

Das zweite Frühstück

Kinder und Jugendliche sollten am Vormittag nach Möglichkeit ein zweites Mal frühstücken, also wochentags in der Schule. Insgesamt nehmen 62 Prozent der Schüler etwas zu essen und 59 Prozent etwas zu trinken mit. Die meisten (90 Prozent) haben ein belegtes Brot dabei. Nur etwa 27 Prozent bringen dies als Vollkorn mit, Mädchen häufiger (31 Prozent) als Jungen (23 Prozent). Obst oder Gemüse essen im Schnitt nur 44 Prozent als Ergänzung zum Pausenbrot. Mit zunehmendem Alter sinkt dieser Anteil von 50 Prozent (Klasse 1 bis 4) auf 42 Prozent (Klasse 11 bis 13). 20 Prozent bringen Süßigkeiten oder Riegel mit, neun Prozent Milchspeisen wie Joghurt. Zum Trinken dienen überwiegend Säfte (71 Prozent der Befragten), gefolgt von Wasser (25 Prozent) und Milch(-mischgetränken) (16 Prozent).

Interessant für Eltern ist dabei, dass immerhin 95 Prozent der Kinder die mitgebrachten Dinge tatsächlich selbst essen. Der Anteil derjenigen, die tauschen oder wegwerfen, ist gering. Offensichtlich decken sich beim Pausenbrot meistens Angebot und Nachfrage (ZMP 2005).

Schlussfolgerungen

Viele Kinder und Jugendliche frühstücken nicht. Zu den Einflussfaktoren, die dieses Verhalten begünstigen, zählen ein höheres Alter, ein niedriger sozioökonomischer Status und das weibliche Geschlecht. Frühstücksverzicht ist oft mit einem insgesamt ungesünderen Lebensstil verbunden.

Interventionen zum Frühstück sollten daher nicht nur im Kindergarten oder der Grundschule eines gut situierten Stadtteils stattfinden, sondern vor allem auch in weiterführenden Schulen sozialer Brennpunkte. Dabei ist die ganze Familie mit einzubeziehen. Da der Anteil an Cerealien bei diesen Mahlzeiten steigt, ist zu begrüßen, wenn die Lebensmittelindustrie vor allem zuckerreduzierte Varianten mit Vollkornanteil für Kinder entwickelt und entsprechend vermarktet. Der Zuckergehalt[2] einiger bei Kindern beliebter Produkte ist so hoch wie in Schokolade. Es handelt sich damit also eigentlich um Süßigkeiten.

Das Forschungsinstitut für Kinderernährung in Dortmund gibt seit Jahren praxisnahe Empfehlungen für eine gesunde Familienernährung heraus, unter anderem eine Broschüre zum Frühstück mit Rezepten für Morgenmuffel und Frühstarter: „Empfehlungen für das Frühstück – Das Frühstücks-Zweimaleins mit optimiX ®". Morgenmuffel bekommen als erstes Frühstück nur eine Kleinigkeit, dafür fällt das zweite reichhaltiger aus. Bei Frühstartern ist es anders herum. Die Broschüre ist zu beziehen unter www.fke-do.de.

Literatur

Affenito, S. G.; Thompson, D. R.; Barton, B. A.; Franko, D. L.; Daniels, S. R., Obarzanek, E.; Schreiber, G. B.; Striegel-Moore, R. H.: Breakfast consumption by African-American and white adolescent girls correlates positively with calcium and fiber intake and negatively with body mass index. Journal of the American Dietetic Association 105, 2005, pp. 938–945.

---

[2] Bezieht sich jeweils auf 100 Gramm eines Produkts.

Albertson, A. M.; Franko, D. L.; Thompson, D.; Eldridge, A. L.; Holschuh, N.; Affenito, S. G.; Bauserman, R.; Striegel-Moore, R. H.: Longitudinal patterns of breakfast eating in black and white adolescent girls. Obesity 15, 2007, pp. 2282–2292.

Alexy, U.; Zorn, C.; Kersting, M.: Whole grain in children's diet: intake, food sources and trends. European Journal of Clinical Nutrition 64, 2010, pp. 745–751.

Barlovic, I.: Kinder in Deutschland – ihre Lebenssituation, ihre Vorlieben, ihre Konsumwelt. In: Sozialministerium Baden-Württemberg (Hg.): Kinderernährung in Baden-Württemberg. Stuttgart 2002, S. 55–58.

Clausen, S.: Untersuchungen zum Mittagessen und zur Tagesernährung von Kindern und Jugendlichen in Ganztagsschulen. Dissertation. Stuttgart 1996.

Kant, A. K.; Graubard, B. I.: Secular trends in patterns of self-reported food consumption of adult Americans: NHANES 1971–1975 to NHANES 1999–2002. American Journal of Clinical Nutrition 84, 2006, pp. 1215–1223.

Keski-Rahkonen, A.; Kaprio, J.; Rissanen, A.; Virkkunen, M.; Rose, R. J.: Breakfast skipping and health-compromising behaviors in adolescents and adults. European Journal of Clinical Nutrition 57, 2003, pp. 842–853.

Kleinman, R. E.; Hall, S.; Green, H.; Korzec-Ramirez, D.; Patton, K.; Pagano, M. E.; Murphy, J. M.: Diet, breakfast, and academic performance in children. Annals of Nutrition and Metabolism 46 Supplement 1, 2002, pp. 24–30.

Matthys, C.; De Henauw, S.; Bellemans, M.; De Maeyer, M.; De Backer, G.: Breakfast habits affect overall nutrient profiles in adolescents. Public Health Nutrition 10, 2007, pp. 413–421.

Mensink, G. B.; Heseker, H.; Richter, A.; Stahl, A.; Vohmann, C. Ernährungsstudie als KIGGS-Modul (EsKiMo), 2007. Online: http://www.bmelv.de, Stand: 9.3.2009.

Mota, J.; Fidalgo, F.; Silva, R.; Ribeiro, J. C.; Santos, R.; Carvalho, J.; Santos, M. P.: Relationships between physical activity, obesity and meal frequency in adolescents. Annals of Human Biology 35, 2008, pp. 1–10.

Ortega, R. M.; Requejo, A. M.; Lopez-Sobaler, A. M.; Andres, P.; Quintas, M. E.; Navia, B.; Izquierdo, M.; Rivas, T.: The importance of breakfast in meeting daily recommended calcium intake in a group of schoolchildren. Journal of the American College of Nutrition 17, 1998, pp. 19–24.

Pudel, V.: Essverhalten und Ernährungszustand von Kindern und Jugendlichen – eine Repräsentativerhebung in Deutschland. In: Deutsche Gesellschaft für Ernährung (DGE) (Hg.): Ernährungsbericht 2000. Frankfurt 2000, S. 115–146.

Ravens-Sieberer, U.; Thomas, C.: Armut bei Kindern und Jugendlichen. Berlin 2002.

Sjoberg, A.; Hallberg, L; Hoglund, D.; Hulthen, L.: Meal pattern, food choice, nutrient intake and lifestyle factors in The Goteborg Adolescence Study. European Journal of Clinical Nutrition 57, 2003, pp. 1569–1578.

Timlin, M. T.; Pereira, M. A.; Story, M.; Neumark-Sztainer, D.: Breakfast eating and weight change in a 5-year prospective analysis of adolescents: Project EAT (Eating Among Teens). Pediatrics 121, 2008, pp. e638–e645.

Utter, J.; Scragg, R.; Mhurchu, C. N.; Schaaf, D.: At-home breakfast consumption among New Zealand children: associations with body mass index and related nutrition behaviors. Journal of the American Dietetic Association 107, 2007, pp. 570–576.

Vagstrand, K.; Barkeling, B.; Forslund, H. B.; Elfhag, K.; Linne, Y.; Rossner, S.; Lindroos, A. K.: Eating habits in relation to body fatness and gender in adolescents – results from the ‚SWEDES' study. European Journal of Clinical Nutrition 61, 2007, pp. 517–525.

Vaisman, N.; Voet, H.; Akivis, A.; Vakil, E.: Effect of breakfast timing on the cognitive functions of elementary school students. Archives of Pediatrics & Adolescent Medicine 150, 1996, pp. 1089–1092.

Vermorel, M.; Bitar, A.; Vernet, J.; Verdier, E.; Coudert, J.: The extent to which breakfast covers the morning energy expenditure of adolescents with varying levels of physical activity. European Journal of Clinical Nutrition 57, 2003, pp. 310–315.

ZMP – Zentrale Markt- und Preisberichtsstelle für Erzeugnisse der Land-, Forst- und Ernährungswirtschaft (Hg.): Schulverpflegung an Ganztagsschulen. Bonn 2005.

Familienmahlzeiten aus Sicht der Jugendlichen

Silke Bartsch

Hintergrund und Fragestellung

Auf die Frage „Was denkst du über Familienmahlzeiten?" antwortet ein 13-jähriges Mädchen[1]: „Ich finde das [Familienmahlzeiten] gut, weil man sich dann wenigstens einmal am Tag sieht." Ein 14-jähriger Junge schreibt: „Bei uns zu Hause gibt es zwar ein gemeinsames Essen, aber jeder kommt zu Tisch, wann er Lust hat. Am Ende sitzen wir dann alle zusammen am Tisch." Das sind zwei typische Antworten zu den Themen „Familie" und „Familienmahlzeiten" aus einem aktuellen Unterrichtsprojekt einer achten Klasse an einer Berliner Gesamtschule.[2]

Eine positive Einstellung gegenüber Familienmahlzeiten zieht sich durch nahezu alle Beiträge, wenngleich auch kritische Anmerkungen fallen oder oftmals andere Bedürfnisse im Vordergrund stehen (allein sein, nach der Schule in Ruhe gelassen werden usw.). Zwei Schüler lehnen Familienmahlzeiten scheinbar ganz ab. Einer davon notiert: „Also bei mir zuhause gibt es kein gemeinsames Essen. Bei uns isst jeder, wann er will oder wenn er Hunger hat. Wenn wir mal zusammen essen, dann nur vielleicht bei Feiertagen (Weihnachten…), sonst nie." Offensichtlich lehnt er ab, was er im Grunde im Alltag nie kennengelernt hat.

Das ist die Ausnahme, denn mehrheitlich zeigen die Antworten der Schüler, dass gemeinsame Mahlzeiten ein Stück Familiennormalität darstellen und auch als solche von den Jugendlichen empfunden werden. Ein Mädchen (13 Jahre) bringt das so zum Ausdruck: „Für mich und meine Eltern ist das gemeinsame Essen normal, wir essen so ziemlich immer zusammen. Ich könnte ohne gemeinsames Essen nicht über die Schule reden, weil meine Eltern arbeiten. Für mich ist das selbstverständlich, denn Essen tue ich nicht gerne allein. Ich finde, dass Essen einfach etwas Gesellschaftliches ist."

---

[1] Rechtschreibung und Sprache aller Schülerbeiträge wurden korrigiert. Die Äußerungen der Jugendlichen wurden wortwörtlich wiedergegeben, lediglich die Rechtschreibung wurde verbessert.
[2] Im Rahmen eines mehrwöchigen Unterrichtsvorhabens haben rund 30 Schülerinnen und Schüler einer achten Klasse unter anderem ihr Verständnis und ihr persönliches Erleben von „Familie" und „Familienmahlzeit" auf unterschiedliche Weise (kurze Texte, Bilder) dargestellt und über das Thema „Familie heute" unter unterschiedlichen Fragestellungen in der Klasse diskutiert. Die Zitate im Text stammen aus dieser Unterrichtsarbeit im Jahr 2008.

Das, was Schüler dieser achten Klasse unter Familienmahlzeit verstehen und erleben, deckt sich weitgehend mit einer ernährungssoziologischen Sichtweise: Familie ist Mahlzeit, Mahlzeit ist Familie (vgl. Brombach 2000). Wird die Frage denselben Jugendlichen jedoch umgekehrt gestellt („Was bedeutet für dich Familie?"), dann sind die Antworten nicht mehr so eindeutig. Lediglich drei aus dieser achten Klasse bezogen ihre Antworten auf das gemeinsame Essen. Bei den Klassendiskussionen waren dazu viele Widersprüche erkennbar. Unbestritten blieb, dass „gemeinsame Zeit verbringen" Familie bedeutet. Das entspricht wiederum den Wünschen von Eltern: 85 Prozent geben in einer aktuellen Elternbefragung[3] (2008) an, dass ihnen sehr wichtig ist, Zeit mit ihren Kindern zu verbringen. Als Aktivität steht gemeinsames Kochen und Essen an erster Stelle.

Dieser Beitrag befasst sich mit dem Thema Familienmahlzeit aus der Perspektive der Jugendlichen. Das Einbeziehen ihrer Sichtweise, als Experten für ihr Essverhalten, erscheint in Ergänzung zu anderen Herangehensweisen erforderlich. Schließlich bestimmen sie als Akteure den familialen Essalltag mit. Dabei spielen ihre vom Jugendalter beeinflussten, subjektiven Bedeutungskonstruktionen eine wichtige Rolle. Sie sind insbesondere im Hinblick auf den Wandel des Familienalltages von Bedeutung. Es stehen daher zwei Fragestellungen aus dem Forschungsfeld „Jugendesskultur"[4] der Autorin im Mittelpunkt:

1. Gehören regelmäßige Familienmahlzeiten heute zum Alltag von Jugendlichen?
2. Welche (subjektiven) Bedeutungen haben Familienmahlzeiten für Jugendliche?

Begriffsverwendung

Vorab erfolgt eine kurze Erläuterung[5] der wesentlichen Begriffe dieses Beitrags:

- *Familienmahlzeit:* Hierunter wird eine gemeinsame, häusliche Mahlzeit von (Kindern und) Jugendlichen mit mindestens einem Elternteil verstanden.

---

[3] Befragt wurden Eltern mit Kindern bis zu 18 Jahre im Auftrag des Bundesfamilienministeriums im Rahmen des Nationalen Aktionsplans. Unter http://www.kindergerechtes-deutschland.de/cms/upload/Presse/Pressemitteilungen/PM_08.07.08/Ergebnisse_Elternumfrage.pdf, Stand: 3.1.2009.
[4] Im Rahmen des Projektes „Esskultur im Alltag" unter der Leitung von Prof. Dr. Barbara Methfessel, gefördert von der Dr. Rainer-Wild-Stiftung und der Pädagogischen Hochschule Heidelberg entstand die Dissertation zum Thema „Jugendesskultur" (Bartsch 2008).
[5] Einzelheiten zur Definition der verwendeten Begriffe können bei Bartsch 2008 nachgelesen werden.

- *Jugendliche:* Der Begriff wird hier sehr eng auf schulpflichtige oder in der Ausbildung befindliche Heranwachsende bezogen, die zu Hause wohnen. In der im Folgenden vorgestellten Forschungsarbeit handelt es sich ausschließlich um Schüler der Sekundarstufe I.
- *Subjektive Bedeutung:* Funktion und Bedeutung hängen eng miteinander zusammen und stellen zwei mögliche Perspektiven des Herangehens dar. Funktionen zielen auf die Wirkung, (subjektive) Bedeutungen beziehen sich auf Sinnkonstruktionen, die sich aus den Funktionen ableiten. Für Mahlzeiten spielen dafür soziale, physiologische und soziale Funktionsbereiche ebenso wie gesundheitliche und kulturelle Einflüsse eine Rolle.

Vorgehen

Literaturanalyse und verschiedene Einzelinterviews dienen der theoretischen Herleitung der Hypothesen zur Bedeutung des Essens für Jugendliche im Kontext Familie und Peer-Group. Sie werden einer ersten empirischen Untersuchung unterzogen. Die im Folgenden ausgewählten Daten zur Familienmahlzeit beziehen sich vor allem auf die 2001 in Berlin durchgeführte Jugendesskulturstudie in Schulklassen des achten und zehnten Jahrgangs. Insgesamt werden 196 Datensätze von in Deutschland geborenen und aufgewachsenen Schülern mit deutschen Eltern aus allen Schulzweigen (Hauptschule, Realschule, Gymnasium und Gesamtschule) ausgewertet. Um Einflüsse aus anderen Esskulturen auszuschließen, werden die Fragebögen von Jugendlichen anderer kultureller Herkunft nicht mit einbezogen. Ausgewählte Ergebnisse der erhobenen Daten werden sowohl mit den Befragten als auch mit anderen Schulklassen diskutiert.

Wandel der Kindheit und Jugend

Familienhaushalte agieren und reagieren stets in einem zeithistorisch beeinflussten gesellschaftlichen Umfeld (vgl. Thiele-Wittig 2000). Es werden daher zunächst ausgewählte Aspekte des gesellschaftlichen Wandels mit ihren Folgen auf den familialen Essalltag kurz charakterisiert. Die nachfolgend dargestellten empirischen Daten werden dann auf dieser theoretischen Grundlage diskutiert.

Veränderte Eltern-Kind-Rollen in eher tolerantem Erziehungsumfeld

Kinder stehen heute in aller Regel im Fokus der familialen Aufmerksamkeit. Im Zusammenspiel mit einer tendenziell hohen elterlichen Toleranz veränderten sich in der zweiten Hälfte des letzten Jahrhunderts dadurch die Eltern-Kind-Rollen, wiederum im Wechselspiel mit praktizierten Partnerschaftsrollen. Auf die familiale Esssozialisation bezogen zeigt sich, dass Reglementierungen am Tisch selten sind. Sie beziehen sich außerdem hauptsächlich auf das „wie gegessen wird" und weniger auf das „was gegessen wird" (DGE 2004; Bartsch 2008). Die Maxime „es wird gegessen, was auf den Tisch kommt" ist damit obsolet. Mütter seien bereits froh, wenn ihre Kinder überhaupt etwas essen (Barlovic 2001, S. 58). Eltern vermeiden damit Auseinandersetzungen bei gemeinsamen Mahlzeiten. Für Jugendliche bedeutet das weniger Stress am Familientisch, auch allgemein in Bezug auf ihr Essverhalten. Darüber hinaus lässt sich (nicht nur) an den Familientischen eine Machtverschiebung in den Familien zugunsten der Heranwachsenden beobachten (Bartsch et al. 2006). Mütter fungieren, bezogen auf die Ernährungsversorgung, oftmals als „Wunscherfüllerinnen" und nähern sich damit den idealisierten Rollenvorstellungen einer „guten Mutter" aus der Werbung.

Familienleben mit individualisierter (Selbst-)versorgung durch Convenienceprodukte

Nach wie vor sind es überwiegend Mütter, die für die familiäre Essensversorgung zuständig sind (Sellach 1996; Meier et al. 2004[6]). Zubereitungsarbeiten verschwinden durch das mütterliche Verhalten und die zunehmend verwendeten Convenienceprodukte immer mehr aus den Augen der Kinder. Mütter verzichten weitgehend auf die Mithilfe ihrer Kinder (siehe Kasten zu Ergebnisse der Zeitbudgetstudie 2001/02), wodurch sich die „Unsichtbarkeit" der mit der Zubereitung verknüpften Arbeiten verstärkt. Neben ihrer daraus resultierenden mangelnden Wertschätzung verliert der Familienhaushalt somit auch als „Lernfeld" an Bedeutung (Rößler-Hartmann 2007). Trotz insgesamt abnehmender Mithilfe helfen Mädchen immer noch deutlich mehr als Jungen. Sie schreiben dadurch geschlechtstypische Rollenzuschreibungen fort. Bemerkenswert ist darüber hinaus, dass Mädchen trotz einer daraus folgenden höheren Belastung mit hauswirtschaftlichen Arbeiten deutlich zufriedener sind.

---

[6] Zeitbudgetstudien 1991/92 und 2001/02 nach Auswertung von Meier et al. 2004.

> **Ergebnisse der Zeitbudgetstudie 2001/02**
>
> Der mittlere Beteiligungsgrad von 15- bis unter 20-jährigen Jugendlichen an Beköstigungsaktivitäten liegt bei den heranwachsenden Männern bei rund 26 Prozent. Das sind zehn Prozent weniger als zehn Jahre zuvor (Vergleichsdaten der Zeitbudgetstudie 1991/92). Bei den gleichaltrigen jungen Frauen helfen 2001/02 42 Prozent. Das entspricht einem Rückgang um 19 Prozent im Vergleich zu 1991/92 – wenngleich insgesamt nach wie vor deutlich mehr Mädchen als Jungen helfen (vgl. Meier et al. 2004).

Tiefkühlpizza ist eines der erfolgreichsten Convenienceprodukte, die bei Jung und Alt überaus beliebt ist. Der Trend von weitgehend unverarbeiteten Lebensmitteln zu diesen industriell bearbeiteten ist nur in Verbindung mit Veränderungen der küchentechnischen Haushaltsausstattung denkbar (zum Beispiel Tiefkühlgeräte, Mikrowelle) (Spiekermann 1999). Gleichzeitig ist zunehmend eine Entwicklung zu allgemein verbreiteten Konsumprodukten (oft mit Lifestylecharakter) zu beobachten, über deren Ursprung Heranwachsende nicht selbstverständlich Bescheid wissen (können). Diese Veränderungen sind vor dem Hintergrund der gesellschaftlichen Individualisierung und Entrhythmisierung zu sehen. Sie erfordern eine Beschleunigung der Zubereitung und eine Flexibilisierung der Essenszeiten. Unabhängig von einem allgemein zu beobachtenden entstrukturalisierten Essverhalten herrscht auch heute das traditionelle Mahlzeitenmuster vor: Frühstück – Mittagessen – Abendessen (vgl. Meyer 2002). Schul- und Arbeitszeiten nehmen darauf am stärksten Einfluss. Die allgemeine Verbindlichkeit der Essenszeiten hat jedoch stark abgenommen. Aus den in der aktuellen Zeitbudgetstudie (2001/02) festgestellten Essenszeithäufungen kann somit auch nicht abgeleitet werden, dass Familien gleichzeitig an einem Tisch sitzen.

Stellvertretend für den küchentechnischen Wandel symbolisiert der Kühlschrank eine individualisierte Selbstversorgung. Gleichzeitig ist er mehr und mehr Symbol für Familie geworden. So bemerkte Christine Bergmann in ihrer Zeit als Familienministerin im Jahr 2001: „Familie sind heute alle die, die aus einem gemeinsamen Kühlschrank essen." Nicht zu vergessen ist jedoch, dass es gerade in weniger begüterten Familien auch Kinder gibt, die vor einem leeren Kühlschrank stehen: Zum Beispiel erzählt ein 13-jähriges Mädchen in einem der geführten Einzelinterviews, dass sie zu Hause nichts zu essen bekommt – außer vielleicht am Wochenende. Sie beklagt, dass die Mutter das Geld nur einmal am Tag für Essen ausgeben kann. Aus diesem Grund soll sie im Hort essen, wo es ihr jedoch nicht schmeckt.

Unabhängig von den Schwierigkeiten in einzelnen sozialen Lagen wird die generelle Entwicklung zur Selbstversorgung begünstigt durch die Herausforderung, gemeinsame Familienzeiten zu koordinieren und zu organisieren. Flexible

Arbeitszeiten sind heute gefragt, die sich oftmals an den Anforderungen des Arbeitsmarktes und nicht unbedingt den Bedürfnissen der Familienhaushalte orientieren. Gesellschaftliche Verbindlichkeiten bezüglich Essenszeiten werden damit zurückgedrängt und durch andere Zeiten dominiert (Sellach 1996; Meyer 2002). Das führt zur vermehrten Koordinations- und Organisationsarbeit in den Familienhaushalten (Kettschau/Methfessel 2005).

Auf der Grundlage dieses Wandels lässt sich jugendliches Essverhalten zusammenfassend wie folgt charakterisieren: *Jugendliche sind heute Essende und Konsumierende mit Ansprüchen, die nur wenig über Herkunft von Lebensmitteln wissen und nur selten in die Zubereitung einbezogen werden.*

Dem Beitrag liegen folgende drei Thesen zugrunde:

1. Zum jugendlichen Alltag gehören Familienmahlzeiten.
2. Jugendliche nehmen überwiegend freiwillig an Familienmahlzeiten teil; diese stellen eine Option für gemeinsame Gespräche dar.
3. Die Ambivalenz der Jugendzeit spiegelt sich bei den Familienmahlzeiten wider: Zum einen geben sie Jugendlichen Sicherheit und Stabilität, zum anderen finden auch bei der Familienmahlzeit Ablösungsprozesse und Neuorientierung statt.

Ergebnisse und Diskussion

Häusliche Ernährungsversorgung: Familienmahlzeiten und Selbstversorgung

Aus der Literatur (zum Beispiel DGE 2004) ist zwar bekannt, dass die Ernährungsversorgung im Allgemeinen überwiegend zu Hause stattfindet. Wie verhalten sich aber Jugendliche unterwegs in ihrer Freundesgruppe, wenn sie Hunger bekommen? Rund 52 Prozent[7] der Befragten warten häufig, bis sie wieder zu Hause sind. Aber nur knapp ein Drittel unterdrückt den aufkommenden Hunger ganz. Die meisten (rund 60 Prozent) kaufen sich ab und zu oder oft etwas beim Bäcker und greifen auf Fast-Food-Angebote zurück. Nicht zuletzt aufgrund der beschränkten finanziellen Mittel oder der fehlenden Bereitschaft, Geld für Essen auszugeben, greifen Jugendliche jedoch auch gern auf das häusliche Angebot zurück.

Aber was bedeutet ein außerhäuslicher Bedürfnisaufschub des Hungers für vergleichbare Situationen zu Hause? Warten Jugendliche auf das gemeinsame Essen am Familientisch oder essen sie sofort etwas?

---

[7] Prozentzahlen sind gerundet und können in der Summe daher von 100 Prozent abweichen.

Abbildung 1 Was machst du, wenn du zu Hause Hunger bekommst?
(Prozentzahlen sind gerundet)

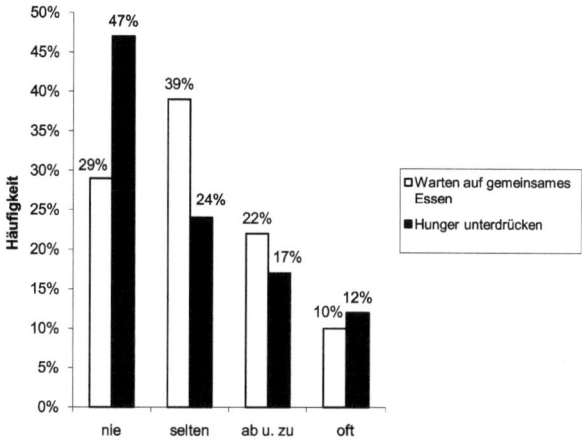

Abbildung 2 Was machst du, wenn du zu Hause Hunger bekommst?
(Prozentzahlen sind gerundet)

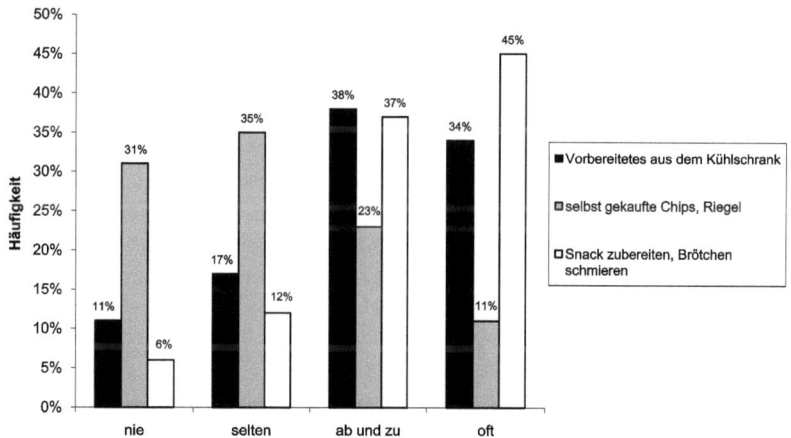

Die Ergebnisse zeigen: Nur wenige (rund ein Drittel) warten ab und zu oder oft auf die gemeinsamen Familienmahlzeiten, 47 Prozent warten sogar nie. Anders ausgedrückt: Die befragten Jugendlichen essen mehrheitlich sofort etwas, wenn sie Hunger bekommen. Der Fragebogen offerierte dazu drei Möglichkeiten (vgl. Abbildung 2): 45 Prozent der Befragten verzehren oft und 37 Prozent ab und zu Snackprodukte oder schmieren sich Brötchen. Auf Vorbereitetes aus dem Kühlschrank greifen 34 Prozent oft und 38 Prozent ab und zu zurück. Weniger populär sind selbst gekaufte Chips oder Riegel für zwischendurch. Interessant ist, dass die Alternative „Obst essen" von immerhin elf Prozent unter „Sonstiges" aufgeschrieben wurde. Es ist anzunehmen, dass noch mehr zum Obst greifen, da sicherlich nicht alle daran dachten, das zu erwähnen.

Die Auswertung der Jugendesskulturstudie lässt (unter Einbezug weiterer empirischer Daten und Literatur) den Schluss zu, dass die Ernährungsversorgung zu Hause stattfindet, aber nicht unbedingt am gemeinsamen Familientisch. So wartet deswegen nur eine Minderheit mit dem Essen. Vielmehr versorgen sich Jugendliche häufig selbst und unabhängig vom Familientisch. Das ist auch aufgrund des hohen Autonomiegrades bei diesen beliebt. Damit verlieren Familienmahlzeiten ihre Versorgungsfunktion zugunsten einer Selbstversorgung und Unabhängigkeit. Durch Individualisierung, Flexibilisierung und ein tolerantes Erziehungsumfeld verändert sich die Ernährungsversorgung in den Familienhaushalten. Gleichzeitig entwickeln sich eine höhere gesellschaftliche Toleranz verschiedener Essstile und eine geringe Verbindlichkeit gesellschaftlicher Regeln (zum Beispiel Essenszeiten, Tischregeln). Diese Veränderungen fördern ein Essverhalten, das individuelle Hungerbedürfnisse über gemeinsame Mahlzeiten stellt und Essen als kauende Nebenbeschäftigung toleriert.

Weiter werfen die gewonnenen Ergebnisse die Frage auf, ob im Alltag überhaupt noch Familienmahlzeiten stattfinden. Die Antworten (vgl. Abbildung 3) zeigen, dass von den befragten Jugendlichen 31 Prozent ein Mal am Tag gemeinsam mit mindestens einem Erwachsenen essen und 26 Prozent mehrmals täglich. Das bedeutet, 57 Prozent nehmen an mindestens einer täglichen Mahlzeit teil. 15 Prozent sitzen zwei bis vier Mal pro Woche, weitere 16 Prozent ein bis zwei Mal pro Woche am Familientisch. Lediglich zwei Prozent essen nie mit ihren Eltern gemeinsam. Die erhobenen Daten lassen den Schluss zu, dass Familienmahlzeiten zum jugendlichen Alltag gehören. Sie finden bevorzugt abends und am Wochenende statt (Meyer 2002; DGE 2004). Ob Heranwachsende auf gemeinsame Mahlzeiten warten, ist altersabhängig unterschiedlich. So versorgen sich Jugendliche mit zunehmendem Alter eher selbst aus dem Kühlschrank als jüngere Altersgruppen (vgl. dazu DGE 2004). Unabhängig davon nehmen sie auch mehr oder weniger regelmäßig an Familienmahlzeiten teil. Wie die nachfolgenden Ergebnisse vermuten lassen, machen sie das überwiegend freiwillig.

Abbildung 3 Wie häufig isst du normalerweise mit deinen Eltern oder einem von beiden? (Prozentzahlen sind gerundet)

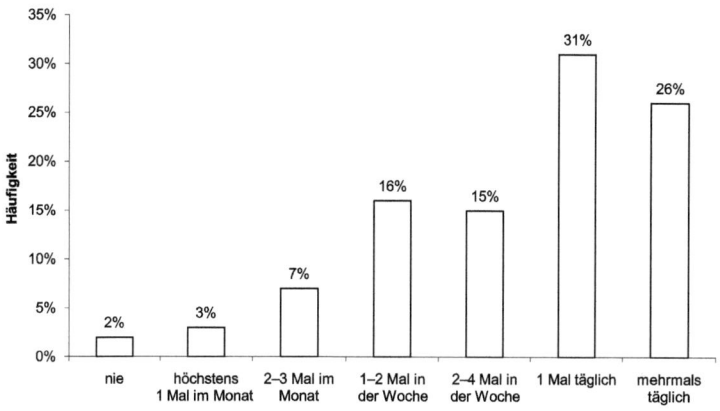

Abbildung 4 Was gefällt dir am meisten am gemeinsamen Essen? (Mehrfachnennungen waren möglich; Prozentzahlen sind gerundet)

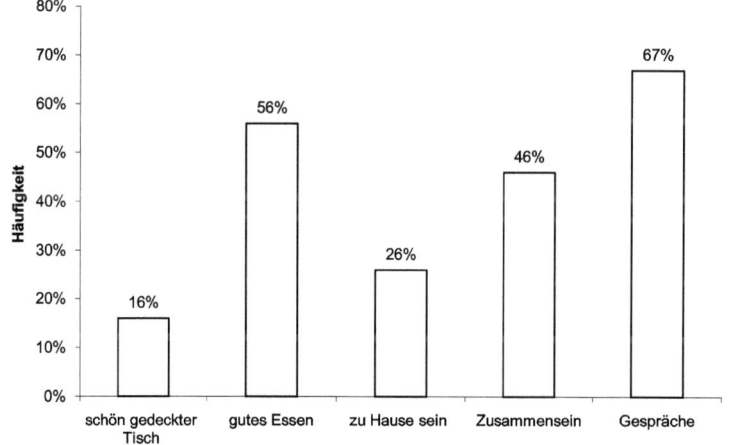

Option Familienmahlzeit

Hinweise auf eine freiwillige Teilnahme an den Mahlzeiten geben die Antworten auf die Frage „Gefällt es dir, mit deiner Familie gemeinsam zu essen?". Rund 40,8 Prozent der befragten Jugendlichen antworten darauf mit „sehr", weitere 49 Prozent mit „ein bisschen". Lediglich 6,6 Prozent gefallen die Familienmahlzeiten nicht so und 3,6 Prozent gar nicht. In Ergänzung dazu ist spannend, was die Jugendlichen an den gemeinsamen Essen gut finden (vgl. Abbildung 4). Der gedeckte Tisch, der den Müttern in der Regel sehr wichtig ist, spielt für Jugendliche eine eher untergeordnete Rolle. Dagegen stehen bei diesen mit rund 67 Prozent die Gespräche und mit 56 Prozent das gute Essen im Vordergrund. Fast der Hälfte der Befragten (46 Prozent) gefällt das Zusammensein und immerhin noch 26 Prozent das Zuhausesein.

Eine 13-jährige Schülerin aus dem Unterrichtsprojekt bringt auf den Punkt, was die Daten aussagen. Sie schreibt: „Ich finde es gut, wenn man zusammen isst. Man kann nämlich Dinge austauschen, die am Tag passiert sind. Ich finde es wichtig, dass die Eltern und die Kinder miteinander reden." Unabhängig von Geschlecht und besuchtem Schulzweig geben tatsächlich fast 81 Prozent der Befragten an, ziemlich beziehungsweise sehr viel beim Essen zu reden. Ob die Jugendlichen nach der Mahlzeit sitzen bleiben, hängt allerdings vom besuchten Schulzweig ab (Hauptschüler bleiben seltener sitzen als Gymnasiasten). Das beeinflusst damit letztendlich auch die Zeitdauer der Gespräche.

Die Soziologin Eva Barlösius weist bereits 1999 auf die Funktion des Tischgespräches als ein familienbildendes Element hin. Gemeinsame Mahlzeiten liefern dafür den institutionellen Rahmen. Gespräche verlaufen nach bestimmten familieninternen Regeln. Sie stellen Erinnerungen über die gemeinsam verbrachte Zeit her sowie über die Form, wie über bestimmte Themen geredet wird. Dadurch entsteht familiale Gemeinschaft. Familienzeit ist Zeit, die einfach da ist, über die man nicht nachdenkt. Nach Barlösius kommt der gemeinsamen Mahlzeit gerade dadurch eine zentrale Bedeutung als soziale Institution zu, trotz der Schwierigkeiten, diese im Alltag regelmäßig zu organisieren (Barlösius 1999; Kettschau/Methfessel 2005). Die erhobenen Daten untermauern die Wichtigkeit der Familienkommunikation bei den Mahlzeiten, unabhängig von Schulzweig, Klassenstufe, Geschlecht und Zeitfaktor. Gleichzeitig spielt das Essen eine nachgeordnete Rolle. Damit stellen Familienmahlzeiten Kommunikationsorte und -zeiten dar. Sie sind jedoch nicht mehr an die exklusive Versorgungsfunktion gebunden und konnten deshalb zur freiwilligen Option werden.

„Mir sind Familienmahlzeiten egal! Für mich macht es keinen Unterschied, ob man nicht redet, weil keiner da ist oder weil der Mund voll ist" (Junge, 13 Jahre). Dieses zweite, untypische Beispiel aus dem aktuellen Unterrichtsprojekt verdeutlicht ganz plastisch den Funktionswechsel. Bei diesem 13-jährigen Jungen wird selten gemeinsam gegessen. Er vermisst die Gespräche, nicht das Essen. Seine Gleichgültigkeit gegenüber Familienmahlzeiten kann als Folge der fehlenden Tischgemeinschaft interpretiert werden. Offen bleibt die Frage, ob es andere Orte und Zeiten der gemeinsamen Kommunikation für ihn gibt.

Ambivalenz: Gespräche gefallen und stören zugleich

In diesem Zusammenhang ist interessant, sich die Bedeutung der Gespräche für Jugendliche bei gemeinsamen Mahlzeiten im Einzelnen zu betrachten: Was ist charakteristisch für die Altersphase Jugend?

Etwas mehr als die Hälfte aller Befragten wünschen sich allgemein weniger Reglementierungen darüber, wie sie essen. Das gilt für häusliche (57 Prozent) wie auch für außerhäusliche Esssituationen (54 Prozent). Die Daten der Jugendesskulturstudie (unter anderem zum Umgang mit Tischregeln) deuten jedoch darauf hin, dass hier eher allgemein gültige gesellschaftliche Normen „nerven". Diese beziehen sich vermutlich auf elterliche Ermahnungen. Wird jedoch explizit danach gefragt, stört sich lediglich knapp ein Zehntel an solchen Vorgaben zu Essensmenge und -auswahl. Für andere stellt das sogar kaum ein Problem dar, da es bei ihnen selten welche gibt. Damit unterstreichen die empirischen Daten die in der Literatur (zum Beispiel DGE 2004) zu findende tolerante Esserziehung.

Abbildung 5 Was stört dich am gemeinsamen Essen? (Mehrfachnennungen waren möglich; Prozentzahlen sind gerundet)

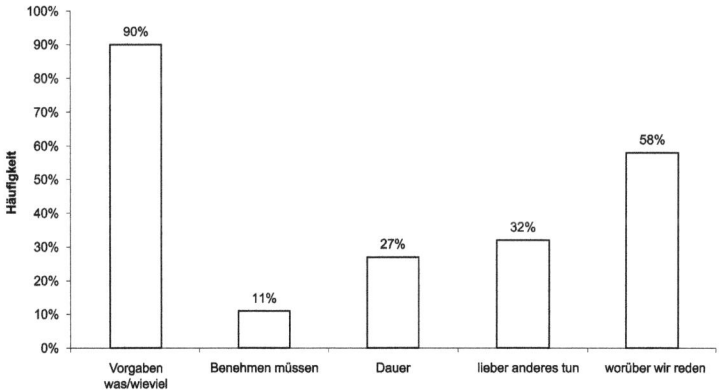

Ein weiterer Punkt der Befragung ist die Bedeutung von Gesprächsthemen und -partnern für die Jugendlichen: Rund 58 Prozent stört das Thema, worüber beim Essen geredet wird. Familiale Unterhaltungen drehen sich meist um Freunde (71 Prozent) und die Schule (66 Prozent). Besonders letzteres gibt dabei immer wieder Anlass für Streit (siehe unten). Wie im vorangegangenen Abschnitt dargestellt, gefallen Gespräche und gleichzeitig stören sie. An diesem Beispiel zeigt sich ganz deutlich die Ambivalenz dieser Altersgruppe (Fend 2000). Jugendliche suchen einerseits Gespräche mit ihren Eltern, andererseits weichen sie ihnen aus. Elterliche Nähe gibt ihnen im Allgemeinen Sicherheit. Zugleich grenzen und lösen sie sich altersgemäß von ihnen ab. Die Daten aus der Jugendesskulturstudie belegen, dass mit den Eltern am meisten ge- und besprochen wird. Sie sind unangefochten die wichtigsten Gesprächspartner für ihre Kinder im Jugendalter (Deutsche Shell 2006).

Sicherheit, sozialen Rückhalt und emotionale Unterstützung erfahren Heranwachsende in aller Regel in ihren Familien. Mütter und Väter haben dabei unterschiedliche Rollen: Die eher nach der Schule beim Essen anwesenden Mütter nehmen unmittelbarer am Alltag ihrer Kinder teil und sorgen damit auch für emotionale Entlastung. Themen rund um Schule und Alltagsorganisation liefern aber gleichzeitig vielfach Konfliktstoff. Wenig verwunderlich, dass Mütter eher zentrale Konfliktpartnerinnen sind als die zeitlich weniger präsenten Väter (Zinnecker et al. 2002). Unabhängig davon essen gerade Jugendliche – das zeigt sich in den Interviews und Klassendiskussionen – lieber allein vor dem laufenden Fernsehapparat und verschwinden dazu in ihre Zimmer. Diese typische nachmittägliche Situation ist eher beispielhaft für die Kompensationsfunktion des häuslichen Essens (vgl. Bartsch 2007). Sie erlaubt die Regeneration und den Rückzug aus dem sozial „anstrengenden" Leben der Peer-Group, bietet aber eben auch Sicherheit.

Väter sind trotz häufig geringer gemeinsamer Zeit zweitwichtigster Gesprächspartner. Bei ausgewählten Themen, wie zum Beispiel der eigenen Zukunft, stehen sie sogar an erster Stelle. An diesem Beispiel wird deutlich, dass gemeinsame Familienzeiten zwar unabdingbar für eine Kommunikation in den Haushalten sind, aber der Zeitfaktor für sich genommen keine Aussagen über gelungene Eltern-Kind-Beziehungen zulässt.

Ein weiteres, interessantes Thema im Rahmen der Untersuchung ist der Streit am Familientisch aus Sicht der Jugendlichen. Nach den Aussagen der Befragten wird bei den gemeinsamen Mahlzeiten eher selten gestritten. Ist das jedoch der Fall, zählen zu den drei Hauptstreitthemen: Schule (80 Prozent), Familie (37 Prozent) und Absprachen (28 Prozent). Bei Klassendiskussionen ergibt sich ein Bild, das nicht so ganz der Realität entspricht. Aus diesem Grund wird zunächst mit Bezug auf Barlösius (1999) die beobachtete Diskrepanz erläutert. Wie bereits erläutert, besteht die Annahme, dass die soziale Institution Mahlzeit vor allem über die Gespräche Familie herstellt. Das legt nahe, dass diese nach bestimmten Regeln oder Ritualen verlaufen und auch Streit einschließen. Ob und wie mit Konfliktthemen umgegangen wird, gehorcht folglich familieninternen Regeln. Damit handelt es sich gewöhnlich nicht um „richtigen", sondern um „rituellen Streit". Dieser läuft nach festen Mustern ab und stellt lediglich die Positionen in den Familien wieder her. Er wird von den Jugendlichen nicht als Streit empfunden.

Kurzgefasst stellen Familienmahlzeiten ein Beispiel dar, um den Einfluss der Altersphase Jugend auf das Essverhalten zu veranschaulichen. So spiegelt die Kommunikation beim gemeinsamen Essen die Ambivalenz der Jugendzeit wider. Zum einen geben die Mahlzeiten den Heranwachsenden Sicherheit und Stabilität. Zum anderen lösen sich Jugendliche vom Familientisch und orientieren sich neu.

Fazit und Ausblick: Wandel statt Verlust der Familienmahlzeiten

„Ich denke, dass Familienmahlzeiten sehr wichtig sind, denn dann ist die ganze Familie zusammen, was das wichtigste auf der Welt ist." (Junge, 15 Jahre)

Gemeinsame Mahlzeiten gehören zum Alltag in den Familienhaushalten. Anders als in den 1970er Jahren von einigen Ernährungswissenschaftlern (DGE 1976) befürchtet, hat sich die Mahlzeitengemeinschaft in den Familien nicht aufgelöst. Wohl aber hat sich ein Wandel vollzogen. Charakteristisch hierfür ist eine Dominanz der Wünsche und Vorstellungen von Kindern und Jugendlichen. Eine vom gemeinsamen Tisch unabhängige Selbstversorgung hat die Verteil- und Ernährungsversorgungsfunktion zurückgedrängt zugunsten einer Kommunikationsfunktion. Diese hat damit an Bedeutung eher zugenommen. Jugendliche nehmen an den Essen überwiegend freiwillig teil, denn sie schätzen die gemeinsamen Zeiten als Ort der Familienkommunikation. Der Stellenwert dieser Mahlzeit ist daher ein Ansatzpunkt, Heranwachsende zu motivieren, sie nach ihren Möglichkeiten aktiv mitzugestalten. Darüber hinaus kann die Einforderung einer altersgemäßen Mithilfe Jugendliche in ihrer gewünschten Autonomie stärken. Voraussetzung dafür ist das Einräumen eines altersadäquaten Gestaltungsfreiraums bezogen auf Zeit, Ort, Ausgestaltung usw.

Die Flexibilisierung der Mahlzeiten durch die größeren Möglichkeiten einer Selbstversorgung ermöglicht gleichzeitig eine frühzeitige Ablösung vom Familientisch. Sie erfordert aber auch mehr Selbstdisziplin und Kompetenzen. Die dazu notwendigen haushälterischen Fähigkeiten lassen sich ebenso wie Ernährungs- und Konsumkompetenzen aufbauen, im Idealfall im Zusammenspiel mit Erziehungs- und Bildungseinrichtungen. Das oftmals beklagte „Hotel Mama" kann sich zur (kompetenten) „Firma Familie" (Zeiher 2000) verändern und Heranwachsenden positive Erfahrungsräume offerieren. Damit kann aus Sicht der Autorin der heute zu beobachtenden Dominanz und Anspruchhaltung Heranwachsender zu aller Nutzen begegnet werden.

Eine Verabschiedung von überholten bürgerlichen Idealvorstellungen, die auch früher meist unrealisiert blieben (vgl. Schlegel-Matthies in diesem Band), bietet die Chance zur Neugestaltung von Familie. Dazu können subjektive Bedeutungskonstruktionen der Jugendlichen umso mehr beitragen, je mehr diese in ihrer Rolle als Träger und Gestalter des Wandels ernst genommen werden. Sie haben Ansprüche an häusliche Versorgungseinheiten und Einfluss auf Konsummuster des Familienhaushaltes. Werden Jugendliche als solche in Bildungseinrichtungen, Präventionskampagnen usw. wahrgenommen, lässt dies Raum für alle Akteure, eine eigene Ess- und Konsumkultur in den Familienhaushalten aufzubauen: als Teil eines individuellen Lebensstils, in dem Elemente eines gesunden Lebensstils Platz haben.

Literatur

Barlösius, E.: Soziologie des Essens. Eine sozial- und kulturwissenschaftliche Einführung in die Ernährungsforschung. Weinheim/München 1999.

Barlovic, I.: Zielgruppe: Kinder und Jugendliche. In DGE, Sektion Baden-Württemberg (Hg.): Werbung und Ernährungsverhalten. Schorndorf 2001, S. 52–73.

Bartsch, S.; Methfessel, B.; Schlegel-Matthies, K.: Pizza, Pasta, Döner Kebab – Mittelmeerkost im Alltag deutscher Jugendlicher. Historische und soziale Hindergründe, Haushalt & Bildung 4, 2006, S. 17–26.

Bartsch, S.: Jugendliche als Träger und Gestalter von Esskultur. Ernährung – Wissenschaft und Praxis 8, 2007, S. 368–373.

Bartsch, S.: Jugendesskultur: Bedeutungen des Essens für Jugendliche im Kontext Familie und Peergroup. Bundeszentrale für gesundheitliche Aufklärung (BZgA), Fachheft 30. Bonn 2008.

Brombach, C.: Mahlzeit – Familienzeit? Mahlzeiten im heutigen Familienalltag. Ernährungs-Umschau 6, 2001, S. 238–242.

Deutsche Shell (Hg.): Jugend 2006. 15. Shell Jugendstudie. Eine pragmatische Generation unter Druck. Frankfurt a. M. 2006.

DGE – Deutsche Gesellschaft für Ernährung (Hg.): Ernährungsbericht 1976. Frankfurt a. M. 1976.

DGE – Deutsche Gesellschaft für Ernährung (Hg.): Ernährungsbericht 2004. Frankfurt a. M. 2004.

Fend, H.: Entwicklungspsychologie des Jugendalters. Opladen 2000.

Meier, U.; Küster, C.; Zander, U.: Alles wie gehabt? – Geschlechtsspezifische Arbeitsteilung und Mahlzeitenmuster im Zeitvergleich. In: Statistisches Bundesamt (Hg.): Alltag in Deutschland. Analysen zur Zeitverwendung. Forum der Bundesstatistik Band 43. Wiesbaden 2004, S. 114–130.

Meyer, S.: Mahlzeitenmuster in Deutschland. München 2002.

Rößler-Hartmann, M.: Die Ernährungsversorgung als Lernfeld im Alltag der Jugendlichen. Hamburg 2007.

Schlegel-Matthies, K.: „Liebe geht durch den Magen". In: Landeszentrale für politische Bildung Baden-Württemberg (Hg.): Der Bürger im Staat 52 (4), 2002, S. 208–212.

Schlegel-Matthies, K.: „Liebe geht durch den Magen": Mahlzeit und Familienglück im Strom der Zeit. Geht die alte häusliche Tischgemeinschaft zu Ende? In: Teuteberg, H. J. (Hg.): Die Revolution am Esstisch. Neue Studien zur Nahrungskultur im 19./20. Jahrhundert. Studien zur Geschichte des Alltags, Band 23. Stuttgart 2004, S. 148–161.

Sellach, B.: Wie kommt das Essen auf den Tisch? Die Frankfurter Beköstigungsstudie. Baltmannsweiler 1996.

Spiekermann, U.: Esskultur heute. Was, wie und wo essen wir? In: Dr. Rainer Wild-Stiftung (Hg.): Gesunde Ernährung zwischen Natur- und Kulturwissenschaft. Münster 1999, S. 41–56.

Statistisches Bundesamt (Hg.): Die Zeitverwendung der Bevölkerung. Methode und erste Ergebnisse der Zeitbudgeterhebung 1991/92. Tabellenband I. Wiesbaden 1995.

Thiele-Wittig, M.: Alltagskompetenzen – Bildungsbedarf in einer komplexen Welt. In: Kettschau, I.; Methfessel, B.; Piorkowsky, M.-B. (Hg.): Familie 2000. Hohengehren 2000, S. 83–99.

Zeiher, H.: Zur Integration der Kinder in die häusliche Arbeitsteilung. In: Hengst, H.; Zeiher, H. (Hg.): Die Arbeit der Kinder. Kindheitskonzept und Arbeitsteilung zwischen den Generationen. Weinheim/München 2000, S. 45–70.

Zinnecker, J.; Behnken, I.; Maschke, S.; Stecher, L.: null zoff & voll busy. Opladen 2002.

Erziehung und familiale Autorität bei Tisch

Kathrin Audehm

Familienmahlzeit als Ritual

Die Familienmahlzeit scheint in Gefahr zu sein. Zumindest wird im Feuilleton und in Zeitschriftenartikeln zunehmend ihr Bedeutungsverlust beklagt oder ihr Verschwinden befürchtet. Auch wenn es für Familien gegenwärtig immer schwieriger wird, sich regelmäßig bei Tisch zu versammeln, gehört das gemeinsame Essen zu den wichtigsten Alltagsritualen. Dabei scheint sich zunächst eine profane, sich wiederholende Handlung zu vollziehen. Transportiert die Mahlzeit aber Werte, die eine Familie als Gemeinschaft auszeichnen, wird aus ihr mehr als eine routinierte und sättigende Speisung der Familienmitglieder. Sie erfüllt dann die Funktion des symbolischen Ausdrucks und damit die Hauptfunktion von Ritualen (Douglas 1986, S. 58).

Dem familialen Tischritual sind dabei typische Merkmale heiliger Handlungen – wie andächtiges Schweigen, tiefe Kniefälle, überschwängliche Dankbarkeitsbezeugungen – eher fremd. Gemeinsame Familienmahlzeiten kennen auch kaum starre oder festgelegte Handlungsvorgaben. Obwohl es oft nicht zweckmäßig erscheint, zusammen zu speisen, unternehmen Familien dennoch größere Anstrengungen, ihre gemeinsame Mahlzeit aufrechtzuerhalten. Die Teilnahme am Ritual wird häufig zu einer bindenden Verpflichtung. Bei Tisch ist dabei nicht jedes Verhalten erlaubt, bestimmte Gesprächsthemen bleiben ausgegrenzt, Konflikte werden eher unterbunden.

In diesem Sinne kann die Familienmahlzeit unverzichtbar und notwendig sein. Sie drückt eine symbolische Einheit und Werte der Familie aus, die dann unantastbar und heilig sind. Dabei hängen die rituellen Interaktionen wesentlich von der pädagogischen Generationendifferenz ab. Diese zeigt sich als ein hierarchisches Autoritätsgefälle, das erzieherisch wirkt. Bei Tisch versammelt sich zunächst eine Gruppe von Personen, die ihre Differenzen nicht aus dem Ritual ausgrenzen können. Es stellt sich die Frage, wie die magische Wirkung des familialen Tischrituals zu erklären ist, die aus einer Gruppe verschiedener Personen symbolisch eine Einheit werden lässt.

Eine erziehungswissenschaftliche Erforschung des Tischrituals in Familien

Seit 1999 erforscht die Autorin im Rahmen einer Studie das Bildungspotential von Ritualen in Schulen und Familien. Sie analysiert, welche Möglichkeiten Rituale für die Subjektbildung und Persönlichkeitsentfaltung bieten. Die Untersuchung ist Teil der Berliner Ritualstudie und konzentriert sich auf eine Berliner Grundschule, über welche die Auswahl der Familien erfolgt. Sie beschränkt sich dabei auf drei deutsche Mittelschichtfamilien (fünf-, vier- und zweiköpfig). Die Familien wohnen im Umfeld der Grundschule, die von mindestens einem Kind besucht wird. Es handelt sich um einen innerstädtischen, sozialen Brennpunktbezirk. Die Familien erzielen gemessen am Wohnumfeld ein überdurchschnittliches Haushaltseinkommen. Die Eltern sind in einem weiteren Sinn in pädagogischen oder sozialen Berufen tätig.

Ziel der Studie ist die möglichst genaue Beschreibung des familialen Tischrituals und ihrer Qualität als pädagogisches Handlungsfeld. Die Untersuchung konzentriert sich dabei auf die Familienmahlzeit. Diese wurde auf die Frage nach den Ritualen innerhalb der Familien von allen an zweiter Stelle und als einziges Alltagsritual genannt. Als hauptsächliche Verfahren der Materialerhebung dienen Gesprächsaufzeichnungen der Familien selbst, teilnehmende Beobachtungen, Gruppengespräche, Leitfadeninterviews, informelle Gespräche und die vereinzelte Teilnahme an Familienfesten.

Im Folgenden wird als Beispiel für die Untersuchungsergebnisse das Tischritual von Familie Zobel[1] näher beschrieben.

Im Zeichen der Kaffeekanne

Familie Zobel besteht zu Beginn der Untersuchungen aus der neunjährigen Tochter, den zwölfjährigen Zwillingen (Sohn und Tochter), der etwa 40-jährigen Mutter und dem nahezu gleichaltrigen Vater. Mutter Zobel bezeichnet ihre Tätigkeit als Hausfrau und Mutter explizit als ihren selbst gewählten Beruf. Die Familie frühstückt jeden Morgen gemeinsam in der engen Küche ihrer geräumigen Mietwohnung. Das gemeinsame Frühstück dauert ca. 45 Minuten. Die Familie nimmt sich für ihr Frühstück viel Zeit, aber nur wenig Platz.

Der Tisch ist für fünf Personen gedeckt, es stehen aber nur vier Stühle bereit. Die Sitzordnung kennt zwei feste Plätze. Auf diesen nehmen immer zuerst die Eltern Platz nachdem sie die Kinder zum Essen gerufen haben. Direkte Aufforderungen oder gar Ermahnungen, nun bei Tisch zu erscheinen, erfolgen nur

---

[1] Die Namen sind anonymisiert.

selten. Die beiden zuerst erscheinenden Kinder müssen sich an den Eltern vorbeidrängeln, teils sogar unter dem Tisch durchkriechen, um Platz zu nehmen. Das letzte Kind muss einen Stuhl aus dem Wohnzimmer gegenüber holen. Auch hier sind körperliche Berührungen nahezu unvermeidlich. Sie werden allerdings nicht abgewehrt, sondern eher gesucht und von der rituellen Szenerie fast erzwungen. Das Hinzuholen des fünften Stuhls schließt den Kreis und markiert den Beginn des Rituals. Deshalb trägt in diesem umgekehrten Stuhltanz dasjenige Kind, das sich bezogen auf das Erscheinen bei Tisch die größte individuelle Freiheit nimmt, zugleich die größte Verantwortung für den gemeinsamen Start.[2] Die Pflicht, den fünften Stuhl zu holen, stellt also keine Bestrafung für spätes Erscheinen dar.

Auf den ersten Blick scheint die Vergemeinschaftung bei Tisch dem gemeinsamen Gespräch zu dienen. Die Familienmitglieder essen auffallend wenig und wie nebenher, reden aber viel und niemals nebenbei. Für eine fünfköpfige Familie ist zwar nicht erstaunlich, dass der Gesprächsfluss kaum Pausen kennt. Dafür beeindrucken die geradezu logische Abfolge der thematischen Fokussierungen, das geduldige Nachfragen und die ruhige Konzentration (auch noch im Konfliktfall). Am wenigsten spricht der Vater, nicht weil er nichts zu sagen hat, sondern weil er nur wenig zu sagen braucht. Er kann sich auf ein deutlich erkennbares Symbol der pädagogischen Generationendifferenz und magisches Zeichen seiner Autorität verlassen: die Kaffeekanne.[3]

Der Vater übernimmt das Tischdecken und lässt sich dabei von der Mutter helfen. Er allein ist zuständig für die Vorbereitung des Kaffees, der den Eltern vorbehalten bleibt. Das ist die einzige Regel, die vom Vater entgegen gelegentlicher Nachfragen seines Sohnes durchgesetzt wird. Die Kaffeekanne und der Brotkorb sind zudem die einzigen Requisiten der Nahrungsaufnahme, die auf dem Tisch einen festen Platz einnehmen. Erstere steht dabei immer in der Mitte. Selbst wenn die Mutter der Kanne mithilfe eines Untersetzers bereits die gewohnte Stelle zugewiesen hat, wird sie vom Vater auf dem Tisch neu zurechtgerückt. Die Milch für die Kinder wird auf der Küchenzeile gegenüber platziert, obwohl häufig nachzuschenken ist. Dabei muss das auf dem fünften Stuhl sitzende Kind mehrmals aufstehen um heranzukommen.

---

[2] Beim Stuhltanz (der traditionell auch als „Reise nach Jerusalem" bezeichnet wird) fehlt ebenfalls ein Stuhl, jedoch verkleinert sich während des Spiels der Stuhlkreis weiter. Wer sich beim Stopp des Umkreisens der Stühle nicht rechtzeitig auf einen der freien Stühle setzt, scheidet aus. Bei Familie Zobel darf, wer später kommt, den Stuhlkreis vervollständigen.
[3] Die Kaffeekanne weist viele symbolische Spuren auf. Ihre Bestimmung als magisches Zeichen der väterlichen Autorität und als Symbol der pädagogischen Generationendifferenz basiert auf empirischen Interpretationen. Erst wenn verbale Äußerungen und nonverbale Interaktionen interpretiert und aufeinander bezogen sind, ergibt sich eine solche Festlegung ihrer Bedeutung für das Tischritual.

Über die gesamte Tischzeit ist der Vater Mittelpunkt vieler kleiner Zärtlichkeiten, bis seine Zeitungslektüre das Ende des Tischrituals einläutet. Dabei schafft er sich einen persönlichen Freiraum, indem er seinen Stuhl leicht zurückschiebt, sich weit zurücklehnt, die Kaffeetasse nach vorn schiebt und sich stumm und entspannt für einige Momente dem Kaffeegenuss widmet. In diesen Augenblicken richtet niemand Fragen an den Vater, der sonst ab und an humorvoll und beschwichtigend eingreift, insbesondere wenn die strengere Mutter den Handlungsfreiraum der Kinder zu sehr einzugrenzen droht.

Der Vater ist auch für die Regelung der Außenkontakte der Familie zuständig. So bietet er den Beobachtern Kaffee an. Ab der zweiten Beobachtung stehen auf der Arbeitszeile in der Nähe der Tür zwei Tassen Kaffee bereit, genau unterschieden nach den geäußerten Wünschen. Der Vater nickt den Beobachtern lächelnd zu und erklärt kurz, in welcher Tasse sich was und für wen befindet. Dabei wird die symbolische Spur des Kaffees als in Maßen zu genießendes, anregendes Getränk aufgenommen, das diejenigen unterstützt, die im Haushalt oder außer Haus arbeiten (müssen). Dessen Genuss symbolisiert einen bewussten Umgang mit sich selbst und eine kompetente Anregung der eigenen Kräfte. Insofern verstärkt die Anwesenheit der Beobachter die Bedeutung des Kaffees als Getränk der Erwachsenen.

Wie der umgekehrte Stuhltanz, die väterliche Zeitungslektüre und ein nicht abreißender Berührungsfluss zeigen, sind Ablauf und Bedeutung des Tischrituals wesentlich von den körperlichen Interaktionen geprägt. Die räumliche Enge wird zur körperlichen Nähe, in der sich die Familie ihrer Zugehörigkeit und gegenseitigen Zuwendung versichert. Dies entspricht der bewussten, rituellen Absicht des Vaters. Er hat entschieden, dass die Familie wochentags gemeinsam in der Küche und nicht – wie sonntags – am großzügigen Esstisch im Wohnzimmer frühstückt, obwohl dies keinen erheblich größeren Aufwand zur Folge hätte.

Die neunjährige Tochter genießt bei Tisch einen ähnlichen Freiraum wie ihr Vater. Sie lässt ihren Blick oft in die Ferne schweifen, darf bei Tisch vor sich hinsummen und Grimassen schneiden. Dagegen sind die Zwillinge am stärksten den mütterlichen Erziehungsversuchen ausgesetzt. Die Mutter greift vor allem im Hinblick auf die Ausbildung einer korrekten und angemessenen Sprachweise ein. Die Zwillinge überbieten sich gern gegenseitig in Ratespielen, lachen häufig und brüsten sich teils übertrieben mit kleinen schulischen Erfolgen. Diskussionen über bestehende Alltagsregeln finden bei Tisch nicht statt. Auffallend ist, im Gegensatz zur Beachtung der Sprachdisziplin, das Tolerieren eines intensiven Körperspiels. Die Kinder sitzen im Unterschied zu ihren Eltern auffallend lässig bei Tisch: quer auf den Stühlen und Beine baumelnd. Insofern bewegt sich die Erziehung bei Tisch zwischen Strenge und Spiel.

Die Eltern bestimmen die rituelle Szenerie und die Verhaltensregeln, für deren Durchsetzung hauptsächlich die Mutter zuständig ist. Ihre sichtbare Autorität unterliegt dabei einer Korrektur durch den Vater und einer Kontrolle durch die zwölfjährigen Zwillinge. Die Kinder können mütterliche Autoritätsanmaßungen zurückweisen, wenn diese der familialen Gemeinschaftlichkeit „Einer für alle und alle für einen!" widersprechen oder diese gefährden. Die elterliche Hierarchie ist bei Tisch asymmetrisch zwischen Mutter und Vater verteilt. Der Vater erscheint als Garant der familiären Gemeinschaft und besitzt gegenüber der Mutter die höhere Autorität. Diese wird durch das Handeln der Mutter legitimiert und dabei relativ unsichtbar. Die mütterliche Autorität hingegen muss sich in ihrer Sichtbarkeit legitimieren und ist auf unmittelbare, explizite Anerkennung angewiesen.

Tischrituale als Aktionsräume für Autorität

Familien sind besondere soziale Gruppen, die sich in ihren Ritualen zwar von anderen Familien und anderen Sozialräumen abgrenzen können. Sie können jedoch die sozial-strukturellen Unterschiede, die sie prägen, nicht aus ihren rituellen Handlungen ausgrenzen. Damit sind zum Beispiel hinsichtlich sozialer Herkunft, Geschlecht (Gender) oder Sorgerecht Grenzziehungen zwischen den Familienmitgliedern denkbar, die wiederum einen wesentlichen Einfluss auf Bedeutung und Funktion der Tischrituale haben. Für den Erfolg pädagogischer Maßnahmen sind solche Identitätszuweisungen kaum zu umgehen. Sie sind allerdings für die symbolische Aufführung der Familie als Gemeinschaft riskant, wenn man etwa an das Konfliktpotenzial von Schuldzuweisungen oder Aufgabenverteilungen denkt. Insofern lässt sich die Bedeutungsgehalt der Tischrituale entlang der verschiedenen Grenzziehungen und Identitätszuweisungen zwischen den Familienmitgliedern rekonstruieren. Gleichzeitig stellt sich die Frage, wie die Differenzen, die den Erfahrungsraum der Familie prägen, bei Tisch aufgeführt und bearbeitet werden. Die Beschreibung dieses Prozesses verdeutlicht, wie sich die Familie als symbolische Einheit hervorbringt. Eine der Differenzen zwischen den Familienmitgliedern bezieht sich auf die pädagogische Generationendifferenz. Hierbei handelt es sich um ein Autoritätsgefälle, das erzieherische Wirkungen erzielt.

Um zu erziehen, das heißt das Verhalten anderer zu beeinflussen und zu prägen, bedarf es legitimer Herrschaft oder pädagogischer Autorität. Aus soziologischer Perspektive (insbesondere in Anlehnung an Max Weber) ist letztere jedoch kein Persönlichkeitsmerkmal oder Eigentum, das jemand besitzt. Vielmehr wird Autorität verliehen. Sie ist auf die Anerkennung durch andere angewiesen. Sie basiert auf Glauben, einer stetigen, alltäglichen, inneren „Eingestelltheit" (Weber 1995, S. 260) oder außeralltäglicher Hingabe (Weber 1995, S. 315). Deshalb lassen sich Tischrituale als Aktionsräume von Autorität betrachten, in denen die Akteure um Anerkennung ringen. Damit stellt sich die Frage, wie bei Tisch die symbolische Konstitution der Familie als Gemeinschaft und die Anerkennung von Autorität aufeinander bezogen sind.

Der symbolische Gehalt von Tischritualen hängt ebenso wenig allein vom Einsatz der Sprache ab wie ihre sozialen Eigenschaften und pädagogischen Funktionen. Deshalb sind für eine ethnografische Untersuchung des Rituals neben den Tischgesprächen[4] auch nonverbale Interaktionen und das szenische Arrangement zu analysieren. Dabei ist der Zusammenhang zwischen sprachlichen und körperlichen Interaktionen empirisch zu erfassen. Darüber hinaus beeinflussen das Material, die Sinnlichkeit sowie die symbolischen Spuren der Gegenstände auf dem Tisch die Aufführung der Familie als Gemeinschaft. Deshalb ist ebenso zu berücksichtigen, wie mit den Requisiten und Artefakten der Familienmahlzeit umgegangen wird.

Pädagogische Praxis bei Tisch

Die in der Studie untersuchten Familien schaffen sich bei Tisch einen abgegrenzten Sozialraum, in dem sie ihren kollektiven Zusammenhalt festigen und sich als Einheit darstellen. Die Tischrituale transportieren diffuse Werte wie Nähe und Intimität, Zugehörigkeit und Zuwendung. Diese sind auf ein allgemeines, nicht sonderlich spezifisches Erleben gerichtet. Sie manifestieren sich nicht in verdichteten Symbolen. Zudem kennen die Tischrituale kaum zeremonielle Formen. Insofern schaffen sich die Familien mit ihnen keinen Fetisch. Dennoch gewinnt das Ritual eine eigene Macht, der sich alle Familienmitglieder (mehr oder weniger bereitwillig) unterwerfen – allerdings nicht immer in der gleichen Art und Weise.

Das Tischritual stellt die Familie als Einheit in ihren Unterschieden dar. Denn sowohl die familiale Solidarität als auch ein asymmetrisches und hierarchisches Autoritätsgefüge werden aufrechterhalten. Die Eltern besitzen die Verfügungsgewalt über die Regeln der Rituale. Die Grenzziehungen und Identitätszuweisungen orientieren sich hauptsächlich an der pädagogischen Generationendifferenz.

Diese wird im gesicherten Ritual von Familie Zobel in einem magischen Zeichen dargestellt – die Kaffeekanne – das zugleich den Vater als obersten Repräsentanten der Familie heiligt. Im Unterschied dazu ist die Mutter für die Durchsetzung von Verhaltensnormen und die Regelung des Alltags zuständig. Außerhalb des Tischrituals agiert sie weniger streng und um einiges humorvoller.

---

[4] Vgl. die konversationsanalytische (nicht ritualtheoretische) Studie von Keppler 1995.

Insofern bestimmen die Eltern über die Regeln der Tischrituale, unterliegen allerdings selbst der Notwendigkeit, ihre Handlungen an ihnen zu orientieren. Dabei zeigt der Unterschied zwischen Vater und Mutter, dass die elterliche Autorität bei Tisch nicht gleich verteilt ist. Das Verhalten der Mutter, die diesbezüglich auf der untergeordneten Ebene agiert, wird von den Regeln der symbolischen Handlung stärker bestimmt und ausgerichtet als das des höchsten Repräsentanten der familialen Gemeinschaft.

Die rituellen Handlungen sind nicht nur von der Generationen-, sondern auch von der Geschlechterdifferenz und der sozialen Schichtzugehörigkeit geprägt (jedoch weniger stark). Die Geschlechterdifferenz wird bei Tisch weniger symbolisch dargestellt, sondern eher im Verhalten verkörpert. Dabei wiederholt das pädagogische Handeln der Eltern Zobel – im Unterschied zu den anderen beiden untersuchten Familien – eine für deutsche Verhältnisse typische, geschlechtsspezifische Trennung zwischen Haushalts- und Erziehungsarbeit einerseits und Erwerbsarbeit andererseits. Allerdings erfolgen bei Tisch keine Identitätszuweisungen nach Geschlecht, die über die Namensgebung hinausgehen. In den Tischritualen der anderen beiden Familien ist dies ebenfalls nur selten der Fall.

In allen Familien fällt auf, dass die Arbeitswelt der höchsten Gemeinschaftsvertreter aus den Tischgesprächen fast vollständig ausgegrenzt bleibt. Während die Tischrituale damit eine teilweise Trennung zwischen Arbeits- und Familienwelt aufführen, erfolgt keine zwischen Schul- und Familienwelt. Das pädagogische Handeln der Eltern ist darauf ausgerichtet, ein den Normen der Schulwelt entsprechendes Verhalten herzustellen. Hier verkörpert sich die soziale Schichtzugehörigkeit der Familien. Zum einen legen sie hohen Wert auf Sprachkompetenz. Darüber hinaus betrachten sie Bildung als Leistung, die an schulischen Erfolgen gemessen wird und für die jeder individuell verantwortlich ist.

In den untersuchten Familien bleiben die Versuche einer elterlichen Kontrolle des Schulverhaltens zurückhaltend. Sie erfolgen in Form kurzer, direkter Fragen, kluger Ratschläge oder allgemeiner Hilfsangebote. Diskussionen um Schulanforderungen und Lehrerverhalten finden bei Tisch nicht statt. Die elterlichen Kontrollversuche können dabei zu Grenzziehungen zwischen den Geschwistern führen, wenn die Kinder versuchen, sich vor den Eltern als kompetente Schüler in Szene zu setzen. Allerdings entziehen sich die Kinder elterlicher Kontrolle oder weisen gemeinsam Autoritätsanmaßungen zurück, wenn diese den Regeln der Tischrituale widersprechen. Pädagogische Autorität erlangt, wem es gelingt, in seinem oder ihrem Verhalten die Familienwerte angemessen zu verkörpern und den Grundregeln der Rituale zu folgen.

In den untersuchten Tischritualen überwiegt die traditionale elterliche Autorität. Sie ist gewohnt und selbstverständlich. Auch die rationale Autorität ist zu beobachten, die sich bevorzugt mithilfe von personalen Argumentationsfiguren legitimiert. Die Eltern bleiben auf die entsprechende Anerkennung durch die Kinder angewiesen. Letzteren gelingt es allerdings zeitweise selbst zu Repräsentanten der familialen Gemeinschaft zu werden. Insofern lernen sie bei Tisch auch, selbst Autorität zu behaupten, Legitimierungsstrategien zu durchschauen und Kriterien für ein glaubwürdiges Verhalten zu entwickeln. Darüber hinaus erzeugen die Tischrituale einen verbindlichen Zusammenhang zwischen individueller Autonomie und kollektiven Haltungen und Werten. Diese soziale Erfahrung ist auf andere Praxisfelder übertragbar, womit eines der wichtigsten Alltagsrituale in Familien dazu beitragen kann, Kritikfähigkeit gegenüber Autoritäten außerhalb der Familie zu entwickeln.[5] Insofern folgt die Erziehung bei Tisch der Logik: „Werde, was du bist (Mitglied dieser Familie, gut erzogen), verhalte dich entsprechend außerhalb der Familie, erkenne Autorität an und entwickle einen kompetenten und kritischen Umgang mit ihr!"

Welche Bedeutung kommt nun der Ernährung bei diesen Tischritualen zu? Essen ist keine einsame Angelegenheit. Die Ernährung bei Tisch wird mit Müßiggang und sittlichem Handeln in Zusammenhang gebracht: Die Rituale stellen eine Verbindung von Zeit und Genuss dar. Sie führen Ernährung als eine gemeinsame Handlung auf, für die man sich Zeit nimmt. Besteht beispielsweise Termindruck durch anschließende Vorhaben, wird der Beginn der Mahlzeit verschoben, nicht aber ihre Dauer verändert. Der Genuss am Essen selbst wird nicht betont, er bezieht sich hauptsächlich auf die Anwesenheit anderer und das Miteinander. In den Untersuchungen betreibt nur eine Familie (Maier) einen erhöhten ästhetischen Aufwand für die Tischgestaltung.

Die Tischrituale der untersuchten Familien stellen einen Werte-, Beziehungs- und Gefühlshaushalt dar und beschränken Ernährung nicht auf die Funktionalität der Nahrungsaufnahme. Sie sind weniger zweckmäßig als vielmehr sinnvoll (wenn sie gelingen). Es geht nicht so sehr darum, satt zu werden oder Tischsitten einzuhalten, sondern eher um die Aufführung eines verbindlichen, sittlichen Verhaltens voreinander. Insofern besitzt das Essen bei Tisch eine eigene Ethik. Gesunde Ernährung bedeutet daher nicht nur die richtige Auswahl, Zubereitung und Präsentation der Speisen, sondern schließt die Achtung ethischer Bedürfnisse der einzelnen Familienmitglieder wie gegenseitigen Respekt, Teilhabe und Verantwortung ein. Wie die untersuchten Tischrituale zeigen, ist deren Anerkennung keineswegs unumstritten. Sie vollzieht sich nicht ausschließlich in Harmonie und ist immer wieder bei Tisch zu erzeugen und glaubwürdig in Szene zu setzten.

Die untersuchten Tischrituale erweisen sich als pädagogische Handlungsfelder, in deren Rahmen sich soziale Erfahrungen machen lassen. Sie besitzen ein

---

[5] Vgl. zur Bedeutung des Tischrituals für die Ausbildung individueller Autonomie im Sinne einer Kritikfähigkeit außerfamiliärer Autoritäten Audehm 2004, S. 224 ff.

gewisses widerständiges, gesellschaftliches Potential. So können die Familienmitglieder bei Tisch andere Neigungen entwickeln, als sich beständig am Gewinner-/Verlierer-Maßstab, am Konkurrenzdenken und an Verwertungslogiken zu orientieren. Effizienzdenken und egoistisches Kalkül sind in diesen Erfahrungsräumen häufig Fehl am Platz. Damit verweigern sich die untersuchten Tischrituale weitgehend der Ausbildung einer marktkonformen Subjektkonstitution.

Literatur

Audehm, K.: Konfirmation. Familienfest zwischen Glauben, Wissen und Können. In: Wulf, Ch.; Althans, B.; Audehm, K.; Bausch, C.; Jörissen, B.; Mattig, R.; Tervooren, A.; Wagner-Willi, M.; Zirfas, J.: Bildung im Ritual. Schule, Familie, Jugend, Medien. Wiesbaden 2004, S. 211–240.

Audehm, K.: Erziehung bei Tisch. Zur sozialen Magie eines Familienrituals. Bielefeld 2007.

Bourdieu, P.: Was heißt Sprechen. Die Ökonomie des sprachlichen Tausches. Wien 1990.

Butler, J.: Körper von Gewicht. Die diskursiven Grenzen des Geschlechts. Frankfurt a. M. 1997.

Douglas, M.: Ritual, Tabu und Körpersymbolik. Sozialanthropologische Studien in Industriegesellschaft und Stammeskultur. Frankfurt a. M. 1986.

Friebertshäuser, B.: Ritualforschung in der Erziehungswissenschaft. Konzeptionelle und forschungsstrategische Überlegungen. In: Wulf, C.; Zirfas, J. (Hg.): Innovation und Ritual. Jugend, Geschlecht und Schule. Zeitschrift für Erziehungswissenschaft, 2. Beiheft, 2004, S. 29–45.

Hettlage, R.: Familienreport. Eine Lebensform im Umbruch. München 1998.

Keppler, A.: Tischgespräche. Über Formen kommunikativer Vergemeinschaftung am Beispiel der Konversation in Familien. Frankfurt a. M. 1995.

Weber, M.: Schriften zur Soziologie, hg. v. Michael Sukale. Stuttgart 1995.

Essalltag von Familien erwerbstätiger Mütter

Jacqueline Köhler, Uta Zander, Anke Möser, Uta Meier-Gräwe, Ingrid-Ute Leonhäuser

Forschungsprojekt EVPRA

In Deutschland sind gegenwärtig in 44 Prozent aller Familienhaushalte beide Partner berufstätig (Statistisches Bundesamt 2006). Vor diesem Hintergrund stellt sich die Frage, wie die täglich wiederkehrende Anforderung der Ernährungsversorgung von Eltern und Kindern zwischen privatem und öffentlichem Raum heutzutage bewältigt wird. Es zeigt sich, dass nach wie vor Mütter die Hauptverantwortlichen für diesen Handlungsbereich sind. Die Vereinbarkeit von Familie und Beruf wird zwar im Zusammenhang mit der Erwerbstätigkeit der Frauen vielfach diskutiert. Eine komplexe Auseinandersetzung mit der Ernährungsversorgung in Familienhaushalten erwerbstätiger Mütter fehlt jedoch bislang (Leonhäuser et al. 2009).

Im Folgenden wird daher ein Forschungsprojekt der Autorinnen vorgestellt, das sich mit dieser Thematik im Rahmen einer umfassenden ökotrophologischen Perspektive befasst: „Ernährungsversorgung zwischen privatem und öffentlichem Raum – Der Essalltag von Familienhaushalten (EVPRA)." Es handelt sich dabei um ein von der Deutschen Forschungsgemeinschaft (DFG) gefördertes Kooperationsprojekt, das von 2004 bis 2007 an der Justus-Liebig Universität Gießen durchgeführt wurde.[1]

Hauptanliegen der Studie ist es, ein tief greifendes Verständnis des Essalltags aus Sicht der befragten Mütter (und Väter) zu erlangen, zu analysieren und zu deuten. Dabei geht es auch darum, familieninterne Strukturen zu verstehen, die das Wie, Was und Wo des Ernährungshandelns bestimmen (Leonhäuser et al. 2007). Die Studie verfolgt daher folgende Ziele:

- Identifizierung von Mahlzeitenmustern: Wann, wo und mit wem werden Mahlzeiten eingenommen?

---

[1] Projektleiterinnen: Prof. Dr. Ingrid-Ute Leonhäuser und Prof. Dr. Uta Meier-Gräwe. Durchführung: Dr. Anke Möser, Dr. Uta Zander und Dipl. oec.-troph. Jaqueline Köhler.

- Untersuchung von Verhaltensweisen und Verantwortlichkeiten im Rahmen der Beköstigungstätigkeiten (Zubereitung, Vorratshaltung, Vor- und Nachbereitung sowie Einkauf) in der Familie;
- Analyse der Bedeutung von Netzwerken, auf welche familialen und/oder institutionellen Netzwerke zurückgegriffen werden kann;
- Analyse von Aushandlungsprozessen.

Studiendesign

Der Studie liegt ein integratives Forschungsdesign zu Grunde. Es vereint einerseits ernährungs- und haushaltswissenschaftliche Perspektiven. Andererseits ermöglicht es durch die Verknüpfung von quantitativen und qualitativen Methoden einen größeren Erkenntnisgewinn. Abbildung 1 erläutert die Vorgehensweise des Projektes.

Abbildung 1 Inhaltlich-methodische Vorgehensweise im EVPRA-Projekt

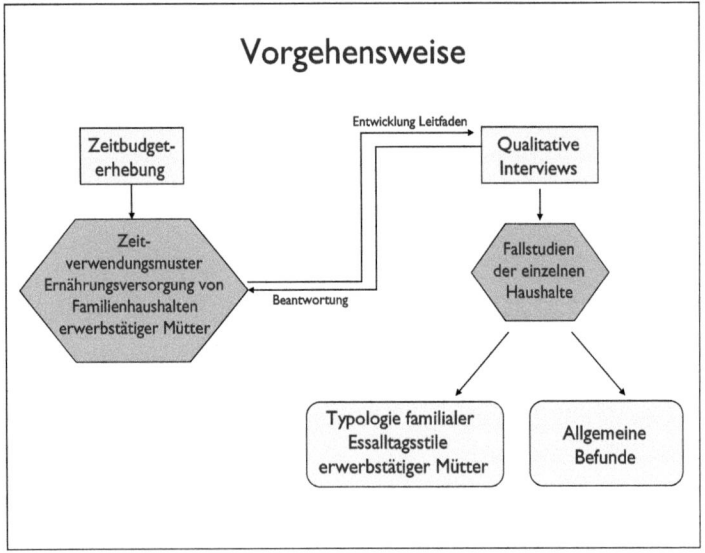

Um die Zeitverwendung für die Ernährungsversorgung zu ermitteln, wurden im Rahmen einer Sekundäranalyse in einem ersten Schritt die Daten der repräsentativen Zeitbudgeterhebung 2001/02 des Statistischen Bundesamtes ausgewertet. Die Motive und Einflussfaktoren, die diesem Zeitverwendungsverhalten zu Grunde liegen, lassen sich damit jedoch nicht erklären. Um diese Lücke zu schließen und darüber hinaus einen umfassenden Einblick in das Ernährungsversorgungshandeln zu erlangen, wurden in den nachfolgenden Schritten qualitative Interviews mit erwerbstätigen Müttern unterschiedlicher Berufsgruppen durchgeführt (Selbstständige, Angestellte im Dienstleistungsbereich, Arbeiterinnen). Bei der Rekrutierung wurden die Interviewteilnehmerinnen nicht nur nach ihrer Berufsgruppenzugehörigkeit stratifiziert, sondern auch nach „Umfang der Erwerbsbeteiligung" (Voll- und Teilzeiterwerbstätigkeit) und nach dem „Alter der zu versorgenden Kinder" (unter und über zehn Jahre). Insgesamt wurden 48 leitfadengestützte Interviews durchgeführt, aus denen Typen familialer Essalltagsstile generiert wurden (Leonhäuser et al. 2007; Möser et al. 2008).

Ergebnisse

Zeitbudgetberechnungen

Auf der Basis der Zeitbudgeterhebung 2001/02 wurde der zeitliche Aufwand für die Aktivitäten „Essen und Trinken" und „Beköstigung" in Familienhaushalten untersucht.[2] Der Studie liegt die Ausgangsüberlegung zu Grunde, dass Erwerbstätigkeit einen Haupteinflussfaktor auf die tägliche Zeitverwendung darstellt. Sie ist bei erwerbstätigen Müttern durch einen hohen Aufwand im Bereich der öffentlichen (Erwerbstätigkeit, Ehrenamt usw.) und der familialen Zeit (Fürsorge-, Pflege- und Versorgungsarbeit) charakterisiert. Für die Gestaltung der persönlichen Zeit (Schlafen, Körperpflege, Essen und Trinken sowie Freizeit) bleibt hingegen nur wenig Spielraum (Beblo 2001; Meier 2004).

Die Berechnung der durchschnittlichen Zeitverwendung belegt einen signifikanten Zusammenhang zwischen dem Umfang der Erwerbstätigkeit und der Dauer der Mahlzeiteneinnahme. Im Durchschnitt bringen vollzeiterwerbstätige Mütter täglich eine Stunde und 38 Minuten für Essen und Trinken auf. Das ist deutlich weniger als bei den Teilzeiterwerbstätigen, die sich täglich eine Stunde und 45 Minuten Zeit für die Nahrungsaufnahme nehmen. Mit einer Stunde und 55 Minuten verwenden die nicht erwerbstätigen Mütter durchschnittlich 17 Minuten mehr Zeit für Essen und Trinken als die Vollzeiterwerbstätigen.

---

[2] Dazu gehören: Zubereitung von Mahlzeiten, Tisch decken, Geschirrreinigung, Konservierung, Haltbarmachung.

Weiterhin ist festzustellen, dass Essen und Trinken zum größten Teil im privaten Raum stattfindet. Dies belegen eindrücklich die Beteiligungsgrade[3] für das Essen zu Hause. Essen und Trinken im öffentlichen Raum ist vor allem bei vollzeiterwerbstätigen Müttern von Bedeutung. Hier liegt der Beteiligungsgrad am Essen außer Haus bei 30,1 Prozent. Bei den teilzeiterwerbstätigen Müttern liegt er bei 21,2 Prozent und bei den nicht erwerbstätigen Müttern bei 14,6 Prozent.

Mit Hilfe von Zeitbudgetdaten lässt sich neben dem Ort der Mahlzeiteneinnahme auch das zeitliche Mahlzeitenmuster analysieren. Die ermittelten Beteiligungsgrade für Essen und Trinken im Tagesverlauf (Abbildung 2) veranschaulichen deutlich, dass das traditionelle Mahlzeitenmuster mit Frühstück, Mittag- und Abendessen in Familienhaushalten weiterhin Bestand hat. Zu den üblichen Essenszeiten steigen die Beteiligungsgrade deutlich an. Dass diese zwischen den Hauptmahlzeiten nie auf Null sinken, lässt sich mit dem Verzehr von Snacks und Zwischenmahlzeiten erklären.

Die bekannte sozialkommunikative Funktion der Mahlzeiteneinnahme für das Familienleben (Barlösius 1999) spiegelt sich auch in den vorliegenden Datenbefunden der Zeitbudgeterhebung wider. Mütter sind bestrebt, in Gemeinschaft zu essen. Gespräche mit anderen Familienmitgliedern stellen zudem die häufigste Nebenaktivität während der Mahlzeit dar – weit vor Fernsehen und Radio hören (Möser et al. 2008).

Unabhängig davon, ob Mütter voll- oder teilzeiterwerbstätig sind, ist die Beköstigung im Vergleich zu anderen hauswirtschaftlichen Tätigkeiten (zum Beispiel Wohnungsreinigung oder Wäschepflege) die zeitaufwendigste (Zander et al. 2005). Die Analyse der Zeitbudgetdaten weist einen deutlichen Zusammenhang zwischen dem Umfang der Erwerbstätigkeit und dem zeitlichen Einsatz für die Erledigung der täglich anfallenden Beköstigungsarbeiten auf. Während 85,7 Prozent aller vollzeiterwerbstätigen Mütter täglich durchschnittlich eine Stunde und elf Minuten dafür benötigen, benötigen 92,9 Prozent der teilzeiterwerbstätigen hierfür eine Stunde und 20 Minuten. Im Vergleich dazu wenden nicht erwerbstätige Mütter mit einer Stunde und 41 Minuten die meiste Zeit für die Beköstigung auf.

Da Zeitbudgetdaten jedoch keine Aussagen bezüglich Einstellungen, Motiven und Hintergründen erlauben, lassen sich hinsichtlich der Qualität der realisierten Ernährungsversorgung keine Schlüsse ziehen (Leonhäuser et al. 2009).

---

[3] Der Beteiligungsgrad beschreibt den Prozentsatz aller Personen, die im Untersuchungszeitraum eine Tätigkeit mindestens einmal oder aber mehrmals tatsächlich ausgeführt haben, das heißt, bei denen sich im Tagebuch ein entsprechender Eintrag für die beschriebene Aktivität findet. Zur ausführlichen Erläuterung der Methodik der Zeitbudgeterhebung siehe Ehling et al. 2001.

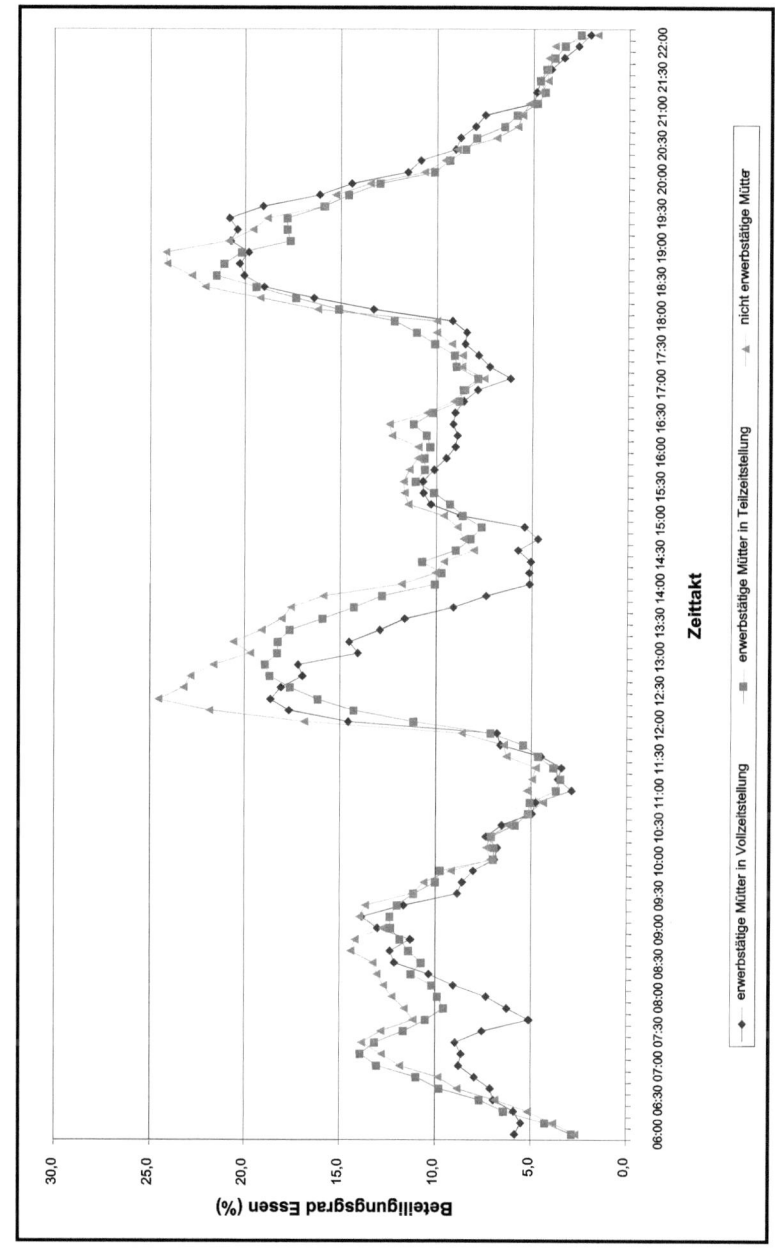

Abbildung 2 Beteiligungsgrad von Müttern an Essen und Trinken nach Umfang der Erwerbstätigkeit im Tagesverlauf (Zeitbudgeterhebung 2001/02)

Ergebnisse der qualitativen Interviewstudie

In der Zusammenschau von quantitativen Zeitbudgetdaten und qualitativen Interviewergebnissen ist folgender Hauptbefund festzuhalten: Die oft vertretene kulturkritische These einer fortschreitenden Auflösung von familialen Mahlzeiten lässt sich nicht bestätigen. Die ausführlichen Fallanalysen der 48 Interviews belegen, dass in Familienhaushalten das traditionelle Mahlzeitenmuster mit Frühstück, Mittag- und Abendessen an den Werktagen unabhängig vom sozialen Status Bestand hat. Ort, Zeitpunkt und anwesende Personen der werktäglichen Mahlzeiten sind nach den beruflichen und schulischen Zeitbindungen während des Tagesverlaufs ausgerichtet.

Durch unterschiedliche Schul- und Berufsanfangszeiten ist die Zusammenkunft der ganzen Familie zum Frühstück eine Seltenheit geworden. Sie bleibt meist dem Wochenende vorbehalten. Für das Mittagessen gilt, dass teilzeiterwerbstätige und selbstständige Mütter gemeinsam mit ihren Kindern zu Hause eine warme Mahlzeit einnehmen. Die vollzeiterwerbstätigen müssen hingegen individuelle Regelungen zur eigenen Versorgung und zu der ihrer Kinder finden. Das Abendessen ist werktags in Familienhaushalten mit zwei erwerbstätigen Elternteilen die wichtigste Mahlzeit. Es ist häufig die einzige, die regelmäßig mit der gesamten Familie stattfindet. Die identifizierten Mahlzeitenmuster an den Wochenenden dokumentieren ebenfalls, dass nicht von einer generellen Auflösung des familialen Mahlzeitenmusters auszugehen ist. Das angestrebte Festhalten an der täglich wiederkehrenden gemeinsamen Einnahme von Speisen ist nicht „nur" ernährungsphysiologisch, sondern in hohem Maße sozial-kommunikativ motiviert.

Der folgende Textauszug aus einem Interview spiegelt diese Motivlage sehr gut wider:

> „... dass wir auch viel Wert darauf legen, auf Gemeinschaft, nicht gleich aufstehen und wegrennen oder dergleichen, auch dass gefrühstückt wird. ... Wie hat mal eine gute Freundin von uns gesagt, als die bei uns zwei Wochen gewohnt hat: ‚Ihr zelebriert Euer Essen. Euer Frühstück, das Mittagessen und Abendbrot.' Das ist richtig, wegen dem Gemeinschaftsaspekt. Und wir fangen halt alle gemeinsam an, und hören auch gemeinsam auf und dann reden wir noch und das dauert dann manchmal ewig lang. Ja, es ist nicht irgendwie so nebenbei, sondern ist ein Hauptpunkt." (Haushalt 4: 121)[4]

---

[4] Die angeführten Zitate von Müttern stammen aus den Transkripten, die für jedes Interview angefertigt wurden. Zur Wahrung der Anonymität der Teilnehmerinnen wurden die Familiennamen durch Zahlen von 1 bis 48 ersetzt (in diesem Fall Familienhaushalt Nr. 4).

Die Mahlzeiten sind häufig die einzige gemeinsam verbrachte Zeit der Familie im Alltagsgeschehen. Sie werden für geselliges Beieinandersein, Gespräche und Austausch über die zurückliegenden und anstehenden Tagesereignisse genutzt. In diesem Zusammenhang wird ihre besondere Funktion für den familialen Zusammenhalt und für die Identität der Familie deutlich. Die Analyse der familieninternen Aushandlungsprozesse und Arbeitsteilungsmuster zeigt, dass die Verantwortung, Planung und Ausführung der Ernährungsversorgungshandlungen noch immer berufsgruppenübergreifend eine hauptverantwortliche Aufgabe der Mütter ist. Täglich wiederkehrend wird sie mit hohem Arbeits- und Zeitaufwand sowie mit Verantwortungsbewusstsein erbracht.

Es ist bekannt, dass Mahlzeitenmuster und Ernährungsgewohnheiten der Herkunftsfamilien Kinder entscheidend in den ersten Lebensjahren prägen. Die Interviews zeigen darüber hinaus, dass die Individualisierungs- und Autonomiebestrebungen sowie der Einfluss anderer Sozialisationsinstanzen (Gleichaltrigengruppe, Schule, Medien) mit Beginn der Pubertät familienübergreifende Veränderungen im Essalltag nach sich ziehen. Gemeinsame Mahlzeiten von Eltern und älteren Kindern werden seltener. Sobald Heranwachsende sich aufgrund gelungener Ernährungssozialisation zunehmend selbst versorgen können, eröffnet die höhere Versorgungsautonomie den Müttern den Vorteil, weniger Zeit und Aufmerksamkeit dafür aufbringen zu müssen, den Essalltag zu planen und zu gestalten. Neu entstandene Freiräume werden wahrgenommen und für private und berufliche Zwecke genutzt (Leonhäuser et al. 2007).

Typologie familialer Ernährungsversorgungsstile

Auf der Basis der gewonnenen und verdichteten Daten konnten sieben Typen von verschiedenen Ernährungsversorgungsstilen identifiziert werden. Diese belegen ein breites Spektrum von unterschiedlichen Versorgungsarrangements. Die Art und Weise wie Mütter die Beköstigung und die Mahlzeiten der Familie organisieren und ausführen, basiert auf ihrem beruflichen und arbeitstechnischen Handlungsspielraum und ihren Ressourcen. Sie wird erst durch den Rückgriff und die Nutzung von privaten und öffentlichen Netzwerken möglich. Ihre Ernährungsleitbilder sind hochgradig ausdifferenziert und versuchen der familienspezifischen Situation gerecht zu werden. Die identifizierten Typen familialer Ernährungsversorgungsstile sind die *familienorientierten Traditionalistinnen,* die *pragmatischen Selbstständigen,* die *berufsorientierten Netzwerkerinnen,* die *überlasteten Einzelkämpferinnen,* die *ambivalenten Essindividualististinnen,* die *entspannten Unkonventionellen* und die *aufopferungsvollen Umsorgerinnen.* Die ersten vier Typen werden im Einzelnen vorgestellt.

Die familienorientierten Traditionalistinnen

> „Und wir ziehen das auch ganz konsequent durch, als Familie zu essen." (Haushalt 4: 35)

Dieser Typus repräsentiert den am häufigsten auftretenden familialen Ernährungsversorgungsstil. In diesen Familienhaushalten kümmern sich teilzeiterwerbstätige Mütter um ihre schulpflichtigen Kinder. Trotz hoher Berufsqualifikationen haben diese mit Geburt der Kinder ihren Erwerbsarbeitsumfang reduziert, um die Ernährungsversorgung und Nachmittagsbetreuung zu ihrer Zufriedenheit leisten zu können. Ein essentieller Bestandteil ihres Identifikations- und Rollenverständnisses als Mutter liegt in der täglichen Zubereitung eines warmen und gesunden Mittagessens.

In Haushalten mit jüngeren Schulkindern sind Mütter bei allen drei Hauptmahlzeiten anwesend. Demgegenüber entfällt in Familien mit älteren entweder die gemeinsame Frühstücks- oder die Abendmahlzeit zu Gunsten der persönlichen Freizeitinteressen. Dies lässt sich auf die wachsende Autonomie der Kinder zurückführen. Das stark ausgeprägte Fürsorge- und Verantwortungsbewusstsein, sich bestmöglich um die Familie zu kümmern, erklärt die fast ausschließlich häuslich orientierte Ernährungsversorgung. Darüber hinaus wird deutlich, warum Mütter versuchen, ernährungsphysiologisch ausgewogen und unter Berücksichtigung individueller Verzehrsgewohnheiten täglich und gerne zu kochen. Die Väter sind, von wenigen Ausnahmen abgesehen, alle vollzeitig beschäftigt. Sie spielen bei der Planung und Ausübung der Ernährungsversorgung keine Rolle. Festzuhalten ist, dass die familienorientierten Traditionalisten sowohl mit ihrer Berufssituation als auch mit der familialen Ernährungssituation zufrieden sind.

Die pragmatischen Selbstständigen

> „Weil also ich auch nicht so der Sklave meines Herdes bin." (Haushalt 15: 302)

Zu dieser Gruppe von Haushalten gehören Familien mit kleinen Kindern bis sechs Jahren. Beide Elternteile zeichnen sich durch eine hohe berufliche Qualifikation aus und sind vollzeiterwerbstätig. Die bewusste Entscheidung für die berufliche Selbstständigkeit der Mütter scheint ein individuelles Lösungsmodell dafür zu sein, einerseits den eigenen beruflichen Ambitionen, andererseits den Bedürfnissen der Familie gerecht zu werden. Der dadurch geschaffene häusliche bzw. wohnungsnahe Arbeitsstandort ermöglicht es ihnen so, alle drei Mahlzeiten gemeinsam mit den Kindern einzunehmen. Aufgrund des hohen Erwerbsarbeitspensums bereiten sie das warme Mittagessen unter arbeits- und zeitökonomischen Gesichtspunkten zu: Die Mütter setzen Konserven, Tiefkühlgemüse und Fertiggerichte ein. Dabei ist der ernährungsphysiologische Wert der Mahlzeiten weniger bedeutsam als die soziale und kommunikative Funktion des gemeinsamen Essens. Häufiger als andere Mütter greifen die Selbstständigen auch auf „Take-Away-Food"-Angebote aus dem öffentlichen Raum zurück. Überdies können sie in Notsituationen verlässlich auf die Mithilfe und Unterstützung der Großmütter zurückgreifen. Zur eigenen Entlastung erwarten die Frauen von ihren Kindern Selbstständigkeit und Eigenverantwortlichkeit. Sie beziehen diese frühzeitig, aber altersgerecht, in die Beköstigungstätigkeiten ein. Trotz einer hohen täglichen Gesamtbelastung an Erwerbs- und Versorgungsarbeiten zeigen sich die selbstständig erwerbstätigen Frauen sowohl mit ihrer Berufs- und Lebenssituation als auch mit den daraus resultierenden Ernährungsversorgungsarrangements zufrieden. Das hängt nicht zuletzt damit zusammen, dass sie bei der Ernährungsversorgung von ihren Partnern soweit Unterstützung erfahren, wie es deren zeitliche Ressourcen zulassen.

Die berufsorientierten Netzwerkerinnen

„Das [Abendessen] ist das, ähm, das essen wir immer hier, weil dann auch mal alle vier da sind. Das gibt's immer zwischen, hmmm, sieben und halb acht. Da sind auch wirklich alle da, find ich auch ähm, wissen auch die Kinder, dass sie da sein müssen, egal was sie jetzt haben. Hmmm, ja das dauert schon krasse Stunde, weil wir natürlich dann auch viel reden." (Haushalt 6: 110)

Die vollzeiterwerbstätigen Mütter dieses Ernährungsversorgungstyps schätzen ihre Situation anders ein als die familienorientierten Traditionalistinnen und die pragmatischen Selbstständigen. Sie fühlen sich mit der Koordination der qualitativ anspruchsvollen Ernährung ihrer Kinder und der Verwirklichung der eigenen beruflichen Ambitionen deutlich belastet. Im Spannungsfeld ihrer hohen Ausbildungs- und Karriereorientierung einerseits und der hohen Wertschätzung der Familienversorgung andererseits delegieren sie die Mittagsverpflegung an öffentliche Netzwerkhilfen. In keinem anderen Ernährungsversorgungstyp übernehmen bezahlte Tagesmütter, Haushaltshilfen und Kindermädchen diese so häufig wie bei den berufsorientierten Netzwerkerinnen. Ein privates Netzwerk – insbesondere durch die Großmütter – steht den Müttern wegen großer räumlicher Trennung zur Herkunftsfamilie nicht oder nur in Notfällen zur Verfügung. Deutlich hervortretende Charakteristika des Mahlzeitenmusters solcher Haushalte sind: das durch Hektik und Zeitnot geprägte Frühstück, das nicht zu Hause eingenommene Mittagessen, aber die dafür gemeinsame Mahlzeit aller Familienmitglieder am Abend. Die Eltern schätzen zwar ein genussvolles Abendessen in ruhiger Atmosphäre. Allerdings lässt das Zeitbudget der doppelt belasteten Mütter an den Werktagen weder Raum für lange Zubereitungszeiten noch für sonderlich ausgedehnte Speiseneinnahmen. Hinzu kommt, dass die meist noch kleinen Kinder zu einem festen Zeitpunkt essen sollen. Ungeachtet der zusätzlichen Belastung, die die Vor- und Zubereitungsarbeiten am Abend nach einem langen Arbeitstag bedeuten, werden die Mütter durch die Bereitstellung eines frisch zubereiteten Abendessens ihrem stark ausgeprägten Fürsorge- und Pflichtgefühl gerecht, der gesamten Familie ein gesundes Essen im Rahmen von gemeinsam verbrachter Zeit zu bieten.

Eine weitere Besonderheit der berufsorientierten Netzwerkerinnen liegt in dem Selbstverständnis der Partner, sich an der Arbeit der Ernährungs- und Alltagsbewältigung zu beteiligen. Die Mütter fühlen sich so zumindest partiell entlastet. Trotz dieser – stärker als in anderen Familien – partnerschaftlich ausgerichteten Versorgungsleistungen sehen sich die Frauen dennoch als die Organisatorinnen und Hauptverantwortlichen. Die eigenen hochgesteckten Anforderungen in den Lebensbereichen Beruf und Familie sowie die kaum selbst steuerbaren Arbeits- und Betreuungszeiten verlangen ihnen tagtäglich ein hohes Maß an organisatorischer Selbstdisziplin ab, um eine zufriedenstellende Ernährungsversorgung der Familie zu realisieren.

Die überlasteten Einzelkämpferinnen

„Ich muss sagen, vielleicht für Familie das ist nicht gut, wenn Frau arbeitet den ganzen Tag. Für Beziehung das ist nicht gut. Weil Frau unter Druck von Arbeit und Hausarbeit und manchmal, ich bin so müde dann (...) ich kann mich nicht, hab' ich immer welche Druck mit Zeit. Ich habe zu wenig Zeit für alles." (Haushalt 42: 95)

Mütter dieses Ernährungsversorgungstyps haben eine überproportional starke Arbeitsbelastung im Familien- und Berufsalltag zu schultern und verfügen über nur geringe Ausbildungsqualifikationen. Die Ausübung einer Vollzeitstelle ist weniger durch persönliche Berufsambitionen motiviert. Sie dient vielmehr der notwendigen Sicherung der familialen Einkommenssituation. Die Frauen besitzen weder die ökonomischen Ressourcen noch die notwendigen Bekannten- und Verwandtschaftskreise, um sich in der Ernährungsversorgung durch Netzwerkhilfen zu entlasten. Kennzeichnend ist aber auch, dass sie im Vergleich zu den Müttern der anderen Typen ein sehr viel stärker ausgeprägtes traditionelles Selbstbild ihrer Rolle als Mutter und Versorgerin verinnerlicht haben. Trotz widriger Arbeitszeitbedingungen (zum Beispiel Schichtdienste) tragen sie mit großem Engagement Sorge für das leibliche Wohl ihrer Kinder und Ehemänner und stecken dafür eigene Wünsche und Bedürfnisse zurück.

Ein fester Bestandteil des Ernährungsversorgungsstils ist die tägliche Bereitstellung eines warmen, reichhaltigen und wohl schmeckenden Essens für alle Familienmitglieder. Dabei machen es die Alltagsumstände werktags nur selten möglich, gemeinsam am Tisch zu sitzen. Bei der Speisenauswahl stehen gesundheitliche Kriterien hinter persönlichen Geschmacksvorlieben. Fehlende Familienmahlzeiten in der Woche, die zwar gewünscht aber nicht möglich sind, werden an den Wochenenden regelmäßig und zahlreich nachgeholt. Trotz großer Kraftanstrengungen schöpfen die Mütter aus den Ernährungsversorgungsarbeiten persönliche Zufriedenheit und Anerkennung, die ihnen in ihrer Rolle als Berufstätige am Arbeitsplatz fehlt. Die traditionelle Wertorientierung des Typs der überlasteten Einzelkämpferin verfestigt sich in der alltäglichen Aufgaben- und Funktionsteilung zwischen den Ehepartnern. Die Väter sind nur in Ausnahmefällen in der Küche anzutreffen (Leonhäuser et al. 2007).[5]

Schlussfolgerungen

Bei der familialen Ernährungsversorgung zwischen privatem und öffentlichem Raum handelt es sich um eine komplexe Herstellungsleistung der Familienmitglieder, vor allem der Mütter. Dabei geht es um alltagskulturelle Aktivitäten, die in Abhängigkeit von den gegebenen Ressourcen, Werthaltungen und Lebenslagen gestaltet werden. Täglich wiederkehrende Handlungsroutinen, aber auch die Herausforderung, sich neuen, ungeplanten Alltagsereignissen anzupassen, binden nicht nur sehr viel Zeit und physische Energie, sondern auch ein erhebliches Maß an intellektuellem Potential. In allen hier untersuchten Bildungs- und Berufsgruppen sind es die Frauen, die die Organisation der Ernährungsversorgung übernehmen.

Die aus dem qualitativen Datenmaterial gewonnene Typologie familialer Ernährungsversorgungsstile spiegelt eindrücklich wider, wie hochgradig differenziert und komplex die Ernährungsversorgung zwischen privatem und öffentlichem Raum organisiert und gestaltet wird. Die in den untersuchten Familienhaushalten praktizierten vielfältigen Ernährungsversorgungsarrangements stellen trotz ständiger Anpassungsnotwendigkeiten verlässliche Strukturen und Bezugspunkte im

---

[5] Ausführliche Beschreibungen aller sieben Typen sind in dem Buch „Essalltag in Familien – Ernährungsversorgung zwischen privatem und öffentlichem Raum" zu finden, das 2009 im VS Verlag für Sozialwissenschaften erschienen ist (siehe Leonhäuser et al. 2009).

Alltag dar. Sie bieten Familien die Möglichkeit, ihren Essalltag in seinen erzieherischen, sozialen und Identität stiftenden Facetten zu erfahren. Dadurch kann eine Kultur des Zusammenlebens entwickelt und weitergegeben werden. Der innovative Ansatz dieser Untersuchung liegt in seiner doppelten, auf den privaten und öffentlichen Raum gerichteten Perspektive. Privater und öffentlicher Raum bilden die Handlungsarenen, in bzw. zwischen denen sich familiale Ernährungsversorgung abspielt. Aus den Befunden insgesamt lassen sich typenspezifische Anforderungspotentiale für bedarfsgerechte Versorgungsangebote im öffentlichen Raum ableiten. Diese sollten für die Familien als ergänzende Dienstleistungen angeboten und unter Berücksichtigung der familienspezifischen Konstellation entwickelt werden.

Für die Gesundheits- und Ernährungsprävention sind die auf den Ernährungsstil bezogenen Ergebnisse zielgruppenorientiert nutzbar. Bildungs- und Betreuungseinrichtungen (zum Beispiel Schulen, Kindertagesstätten) sowie die Ernährungswirtschaft und kommunale Akteure können auf die Erkenntnisse zurückgreifen, um einer wachsenden Anzahl erwerbstätiger Mütter familiengerechte Arrangements der Ernährungsversorgung anzubieten. Sie sind in ihrem Anspruch zu unterstützen, sich und ihre Kinder zwischen privatem und öffentlichem Raum im Alltag gesund zu ernähren. Die Befunde verdeutlichen den Handlungsbedarf für familienbezogene Ernährungs- und Gesundheitsbildungsprogramme, für eine qualitativ hochwertige Verpflegung in Kindergärten, Schulen und Kantinen sowie für die Entwicklung von gesunden und schmackhaften Produkten und Dienstleistungen im Lebensmittelbereich und in der Außer-Haus-Versorgung. Letztere müssen der zeitlichen Entlastung berufstätiger Mütter (und Väter) ebenso dienen wie ihrem Bedürfnis nach gemeinsamer Zeit für Kommunikation und sozialem Austausch beim Familienessen.

Wie die Studie weiter zeigt, variiert der konkrete Unterstützungsbedarf erheblich: So steht beim Ernährungsversorgungstyp der „berufsorientierten Netzwerkerinnen" eine zeitliche Entlastung bei der Organisation des Essalltags im Vordergrund. Allerdings sollten auch hier arbeitsplatznahe Möglichkeiten einer guten Mittagsversorgung für die Mutter selbst berücksichtigt werden. Beim Typ der „aufopferungsvollen Umsorgerinnen" kristallisiert sich hingegen ein anderes Thema als besonders dringlich heraus: Gesundheitsprävention bei Eltern und Kindern zur Vermeidung bzw. Bekämpfung von Übergewicht und Bewegungsmangel (Leonhäuser et al. 2007).

Literatur

Barlösius, E.: Soziologie des Essens: eine sozial- und kulturwissenschaftliche Einführung in die Ernährungsforschung. Weinheim/München 1999.

Beblo, M.: Die Freizeitlücke zwischen erwerbstätigen Müttern und Vätern – Ein ökonomischer Erklärungsversuch mit Daten der deutschen Zeitbudgeterhebung 1991/92. In: Statistisches Bundesamt (Hg.): Zeitbudget in Deutschland – Erfahrungsberichte der Wissenschaft. Band 17 der Schriftenreihe Spektrum Bundesstatistik. Stuttgart 2001, S. 103–116.

Ehling, M.; Holz, E.; Kahle, I.: Erhebungsdesign der Zeitbudgeterhebung 2001/2002. Wirtschaft und Statistik 6, 2001, S. 427–436.

Leonhäuser, I.-U.; Meier-Gräwe, U.; Möser, A.; Zander, U.; Köhler, J.: Ernährungsversorgung zwischen privatem und öffentlichem Raum – Der Essalltag von Familienhaushalten. Unveröffentlichter Abschlussbericht zum DFG-Forschungsprojekt. Justus-Liebig-Universität Gießen 2007.

Leonhäuser, I.-U.; Meier-Gräwe, U.; Möser, A.; Zander, U.; Köhler, J.: Essalltag in Familien. Ernährungsversorgung zwischen privatem und öffentlichem Raum. Wiesbaden 2009.

Meier, U.: Zeitbudgets, Mahlzeitenmuster und Ernährungsstile. In: DGE – Deutsche Gesellschaft für Ernährung (Hg.): Ernährungsbericht 2004. Bonn 2004, S. 72–93.

Möser, A.; Zander, U.; Köhler, J.; Leonhäuser, I.-U.; Meier-Gräwe, U.: Erwerbstätigkeit von Müttern und familiale Ernährungsversorgung zwischen privatem und öffentlichem Raum. Hauswirtschaft und Wissenschaft 56 (3), 2008, S. 119–129.

Statistisches Bundesamt (Hg.): Wirtschaftsrechnungen, Einkommens- und Verbrauchsstichprobe. Aufwendungen privater Haushalte für Nahrungsmittel, Getränke und Tabakwaren 2003. Fachserie 15, 3. Wiesbaden 2006.

Zander, U; Meier-Gräwe, U.; Möser, A.: Change in Time Use for Daily and Eating and Household Work Activities in Germany. International Journal of Human Ecology 6 (2), 2005, pp. 37–49.

III Schulmahlzeiten

Schulmahlzeiten nach optimiX:
Wo haben Schulen Unterstützungsbedarf?

Ute Alexy, Kerstin Clausen, Mathilde Kersting

Hintergrund

Die Anzahl an Ganztagsschulen in Deutschland nimmt stetig zu: 2004 gab es davon 6.800 mit etwa einer Million Schülern. 2007 waren es schon 10.000 Schulen mehr (Clausen/Kersting 2007b). In 2006 hat die Kultusministerkonferenz festgelegt, dass an Tagen mit Ganztagsschulbetrieb ein Mittagessen anzubieten ist. Allerdings gab es bis dahin keine verbindlichen Regelungen zur Qualität der Schulverpflegung. Die Deutsche Gesellschaft für Ernährung (DGE) hat 2007 die ersten bundesweiten „Qualitätsstandards für die Schulverpflegung" veröffentlicht und 2009 überarbeitet. Diese enthalten neben pädagogisch-didaktischen Aspekten auch Checklisten für Speisepläne und Nährwertkriterien, die jedoch unverbindlich sind (siehe auch Pelz in diesem Band).

Die Optimiert Mischkost optimiX®

Die Optimierte Mischkost optimiX® ist ein vom Forschungsinstitut für Kinderernährung (FKE) entwickeltes Konzept mit lebensmittelbezogenen Empfehlungen (sog. *Food Based Dietary Guidelines*) für die Ernährung von Kindern und Jugendlichen. Sie ermöglicht sowohl ein Erreichen der DGE-Referenzwerte für die Energie- und Nährstoffzufuhr (DGE 2000) als auch der aktuellen Empfehlungen zur Prävention ernährungsmitbedingter Krankheiten (Alexy et al. 2008). Kern der Optimierten Mischkost sind drei Regeln zur Lebensmittelauswahl:

- Reichlich: pflanzliche Lebensmittel und Getränke
- Mäßig: tierische Lebensmittel
- Sparsam: fett- und zuckerreiche Lebensmittel

OptimiX® unterscheidet sich von anderen *Food Based Dietary Guidelines*, indem sie nicht nur Empfehlungen für die Ganztagsernährung gibt, wie zum Beispiel der Ernährungskreis der DGE oder die US-amerikanische Mahlzeitenpyramide, sondern auch mahlzeitenbezogene.

Mahlzeiten in der Optimierten Mischkost

Entsprechend den traditionellen Ernährungsgewohnheiten in Deutschland sieht optimiX fünf Mahlzeiten am Tag vor: drei Haupt- (Frühstück, Mittag- und Abendessen) sowie zwei kleinere Zwischenmahlzeiten. Erstere werden zusätzlich in zwei kalte und ein warmes Essen unterteilt. Zusammen ergänzen sie sich zu dem Gesamtkonzept.

Die warme Mahlzeit bei optimiX

Die Basis der warmen Mahlzeit bilden pflanzliche Lebensmittel wie Gemüse, Kartoffeln, Nudeln und Getreide. Sie sind daher täglich zu verzehren, Fleisch (3 × pro Woche) und Fisch (1 × pro Woche) hingegen in Maßen. An den restlichen Tagen stehen vegetarische Gerichte auf dem Speiseplan. Speiseöl ist bei der Zubereitung sparsam einzusetzen. Wichtig ist, dass zu jeder Mahlzeit ein Getränk, am besten Wasser, gehört. Ein Nachtisch ist zum Mittagessen bei optimiX nicht vorgesehen. Wegen des besonderen Nährstoffprofils der warmen Hauptmahlzeit lässt sich diese nicht ohne weiteres durch eine kalte ersetzen.

Vergleich Ist und Soll

Bei einem Vergleich der Empfehlungen der Optimierten Mischkost mit dem tatsächlichen Verzehr bei Kindern und Jugendlichen in Deutschland sind einige gravierende Differenzen feststellbar. Folgende Aspekte sind danach zu verbessern:

- In erster Linie ist der Verzehr an pflanzlichen Lebensmitteln zu steigern, vor allem an Gemüse, Brot, Kartoffeln.
- Pro Tag ist etwa eine Tasse Wasser mehr zu trinken.
- Der Anteil an Vollkornprodukten ist zu erhöhen.
- Der Trend zu fettreduzierten Milchprodukten ist fortzusetzen.
- Bei Fleisch und Wurstwaren sind öfter fettarme Varianten auszuwählen.
- Zur Verbesserung des Fettsäuremusters ist mehr Rapsöl zu verwenden.
- Der Verzehr an Süßwaren und gesüßten Getränken ist zu verringern.

Checklisten für den Speiseplan

Ein Kriterium für die Qualität einer (Groß-)Küche ist der Speiseplan. Eine entsprechende Erstellung und Beurteilung gemäß der Optimierten Mischkost ist mit der vom FKE herausgegebenen Checkliste möglich. Diese ist in der Broschüre Empfehlungen für das Mittagessen in Kindertagesstätten und Ganztagsschulen" (Kersting/Clausen 2010) enthalten. Die Checkliste sieht vor, dass innerhalb von zwei Wochen beziehungsweise zehn Essenstagen folgende Komponenten im Speiseplan enthalten sind:

- Kartoffeln, Vollkornreis, Nudeln oder Hülsenfrüchte (täglich)
- Gemüse/Rohkost (täglich)
- vegetarisches Gericht (drei- bis fünfmal)
- Fleisch (drei- bis viermal: zum Beispiel zweimal mit Soße, zweimal separat)
- Fisch (ein- bis zweimal: davon einmal fettreich)
- Ei oder süßes Hauptgericht (einmal)

So kann ein beispielhafter Speiseplan für eine Woche aussehen:

1. Tag: Bunter Fisch mit Reis und Rohkost
2. Tag: Linsensuppe mit Brot
3. Tag: Gulasch mit Kartoffeln und Gemüse
4. Tag: Gemüsepfanne mit Geflügelfleisch und Hirse
5. Tag: Kartoffel-Gemüse-Auflauf

Der Speiseplan allein reicht nicht aus, um die ernährungsphysiologische Qualität zu beurteilen. Das wird bei der Betrachtung der Rezepte deutlich, die hinter diesen Gerichten stehen, wie in der Tabelle am Beispiel eines Kartoffel-Gemüse-Auflaufs dargestellt.

Das herkömmliche Rezept enthält einen hohen Anteil an fettreichen Lebensmitteln wie Sahne, Käse, Doppelrahmfrischkäse und Butter. Die Fettmenge und damit auch die Energiedichte lässt sich in diesem Beispiel durch folgende Änderungen verringern: Erhöhung des Kartoffel- und Gemüseanteils, Verwendung von Rapsöl statt Butter, Verringerung der Käsemenge und Ersetzen eines Teils der Sahne durch Milch. Damit wird klar, dass über die Qualität der Mittagsmahlzeit schlussendlich das Rezept Auskunft gibt.

Tabelle Herkömmliches und optimiertes Rezept für einen vegetarischen Auflauf (Rezept: Kartoffel-Gemüse-Auflauf für 10 Personen)

Herkömmlich		Optimiert	
2000 g	Kartoffeln	2500 g	Kartoffeln
300 g	Gemüsezwiebeln	300 g	Gemüsezwiebeln
100 g	Butter	50 g	Rapsöl
1200 g	Gemüse frisch oder TK	1500 g	Gemüse frisch oder TK
500 g	geriebener Käse, 48 % F.i.Tr.	150 g	geriebener Käse, 45 % F.i.Tr.
500 ml	Sahne	250 ml	Milch, 1,5 % Fett
50 g	Doppelrahmfrischkäse	150 ml	Sahne
5 Stück	Eier	100 g	saure Sahne
		4 Stück	Eier

Anforderungen an die Schulernährung

Ernährungsphysiologische Aspekte spielen für Kinder und Jugendliche bei der Schulverpflegung keine Rolle. Das ergibt eine Befragung von Ganztagsschülern der ersten bis 13. Klasse (siehe Abbildung).

Abbildung Was ist den Schülern am Schulmittagessen wichtig?
(ZMP 2006)
(539 Ganztagsschüler (1. bis 13. Klasse), bundesweit)

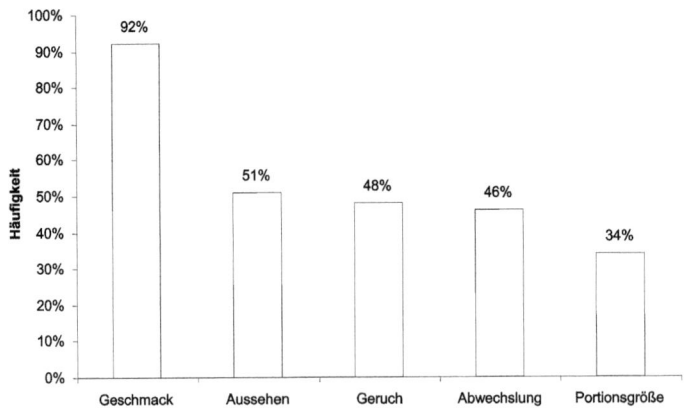

Für die Schüler stehen sensorische Kriterien wie Geschmack, Aussehen, Geruch im Vordergrund, gefolgt von Abwechslung und Portionsgröße. Daraus lässt sich schließen, dass nur Gerichte, die den Kindern und Jugendlichen schmecken, erfolgreich als Mittagessen einsetzbar sind. Das FKE hat daher verschiedene Studien durchgeführt mit dem Ziel einer Optimierung der Rezepte für die Schulverpflegung, ohne die Zufriedenheit der Schüler zu beeinträchtigen.

Studie in Grundschulen

An der ersten Studie in 2005 nahmen zwei Ganztagsgrundschulen in Dortmund teil (Clausen et al. 2006), wovon eine in einem Stadtteil mit mittlerem sozioökonomischen Status liegt, die andere in einem sozialen Brennpunkt. Es handelt sich um sogenannte „offene Ganztagsschulen", in denen der Unterricht vormittags stattfindet. Nachmittags können Eltern ihre Kinder an der Ganztagsbetreuung teilnehmen lassen, müssen sie aber nicht. Von den insgesamt 836 Kindern beider Schulen nutzten 182 (22 Prozent) das Betreuungsangebot. Davon nahmen 120 (66 Prozent) auch an den Mittagsmahlzeiten teil. Die Eltern von 92 Schülern (77 Prozent) gaben ihr schriftliches Einverständnis zur Befragung im Rahmen der Studie. Die meisten Schüler (83 Prozent) waren zwischen sechs und acht Jahren alt. 60 Prozent waren Mädchen. Beide Schulen wurden vom Christlichen Jugenddorf Dortmund (CJD), einem erfahrenen Caterer, mit warmen Mittagessen beliefert. Gefördert wurde das Projekt von der Innungskrankenkasse Westfalen und dem Familienprojekt Dortmund.

Die Interventionsstudie dauerte fünf Wochen und gliederte sich in drei Phasen: In der ersten zweiwöchigen Phase (10 Essenstage) wurden die Schulen mit dem herkömmlichen Essen beliefert. Die vom Caterer verwendeten Rezepte wurden schriftlich nach bestimmten Vorgaben dokumentiert (Art, Menge und Verarbeitungsgrad der Lebensmittel). Die teilnehmenden Schüler bewerteten in dieser Zeit unmittelbar nach dem Mittagessen die Gerichte und Komponenten (zum Beispiel Beilagen, Gemüse, Fleisch) anhand von interviewgestützten Fragebögen mit einer dreistufigen Gesichtsskala (zufrieden, indifferent, nicht zufrieden).

In der zweiten Phase erfolgte die Optimierung der dokumentierten Rezepte anhand folgender Kriterien:

- Anpassung der Mengen an die Vorgaben der Optimierten Mischkost
- Erweiterung der Lebensmittelauswahl, zum Beispiel durch Hirse, Linsen, Seelachsfilet
- (Teil-)Austausch von Butter und Maiskeimöl gegen Rapsöl

- (Teil-)Austausch von „hellen" Nudeln, Reis und Brot/Brötchen durch Vollkornprodukte

In der dritten Phase wurden die entsprechend abgeänderten Rezepte in der Schulküche verwendet. Die Kinder bewerteten diese wieder anhand der gleichen Fragebögen.

Nach der Anpassung der Rezepte verbesserte sich ihr Nährstoffgehalt und näherte sich den Empfehlungen der Optimierten Mischkost an. Bei der Schülerbefragung stieg der Anteil der zufriedenen Kinder von 60 (vorher) auf 66 Prozent (nachher) an. Indifferent waren nur noch 20 statt 22 Prozent der Schüler und unzufrieden zwölf statt 14 Prozent. Insgesamt kam es also durch die Rezeptoptimierung nicht zu einer Verschlechterung, sondern zu einer leichten Verbesserung der Zufriedenheit. Dieses Ergebnis spiegelt sich auch bei der Betrachtung der einzelnen Mahlzeitenkomponenten wider. Bei acht von elf abgefragten Speisegruppen stieg die Zufriedenheit nach der Anpassung an (zum Beispiel Fleisch mit Soße, Fisch, Gemüse, Suppe), bei zwei davon signifikant (Salat, Auflauf). Nur bei drei Komponenten sank die Zufriedenheit und zwar bei Fleisch ohne Soße, Beilagen und Brot.

Die Erfahrungen aus dieser Studie (Clausen et al. 2006) sind ermutigend. Allerdings sind Kinder im Grundschulalter möglicherweise hinsichtlich ihrer Geschmackspräferenzen noch relativ flexibel und daher eine einfache Zielgruppe.

Studie an weiterführenden Schulen

Eine weitere, bundesweite Studie aus dem Jahr 2005 hat die Akzeptanz einer optimierten Mittagsverpflegung in vier weiterführenden Schulen überprüft (Klasse fünf bis 13) (Clausen/Kersting 2007a). Beteiligt waren eine integrierte Gesamtschule in Hamburg, ein Gymnasium in Rheinland-Pfalz (beide mit einer eigenen Küche vor Ort) sowie ein Gymnasium und eine Gesamtschule in Gotha/Thüringen mit einem gemeinsamen Cateringunternehmen. Gefördert wurde die Studie von der Nestlé Deutschland AG.

An der Studie nahmen etwa 1.000 Schüler im Alter von acht bis 20 Jahren teil (im Mittel 14,2 Jahre). Es wurden insgesamt 13.000 Fragebögen zur täglichen Geschmacksbewertung abgegeben mit über 250.000 Antworten. In der ersten Studienphase bewerteten die Schüler die herkömmlichen Mahlzeiten anhand eines Fragebogens, in der zweiten dann die vom FKE eingeführten, optimierten Rezepte. Die Fragebögen enthielten eine fünfstufige Gesichtsskala entsprechend dem Schulnotensystem (1 = sehr gut, 2 = gut, 3 = befriedigend, 4 = ausreichend, 5 = mangelhaft). Die Kriterien für die Rezeptoptimierung entsprachen denen der oben genannten Studie. Die Gemüsemenge nahm entsprechend um etwa 50 Prozent zu, die Fleischportionen gingen um 20 Prozent zurück. Es wurden Vollkornprodukte eingeführt und die Fettqualität verbessert. Gleichzeitig wurde darauf geachtet, dass die Rezepte küchentechnisch leicht zu handhaben waren und kostengünstig blieben.

In der Presse wurden vor einiger Zeit die Kosten für eine gesunde Ernährung der Kinder von Hartz IV-Empfängern diskutiert. Manche Schüler aus solchen Familien nehmen aus Kostengründen nicht am Mittagessen in Ganztagsschulen teil. Mit dem im Hartz-IV Regelsatz für die Ernährung vorgesehenen Budget lässt sich bei gängigem Einkaufsverhalten eine gesunde Ernährung nach der Optimierten Mischkost nicht finanzieren (Kersting/Clausen 2007).

Die Befragung in der ersten Studienphase zeigt, dass Schüler ohne Alternativen am liebsten die „Klassiker" essen. Zu den fünf beliebtesten Gerichten zählen Kartoffelpuffer mit Apfelmus (Note 1,76), Schinkennudeln (Note 1,79), Pizza (Note 1,94), Hamburger mit Pommes frites (Note 1,95) und Putenschnitzel mit Currysoße und Reis (Note 1,97). Nach der Optimierung steht Rotes Linsengemüse mit Würstchen (Note 2,00) auf dem ersten Platz, gefolgt von Kartoffelsuppe mit Gemüseeinlage (Note 2,10), Hack-Gemüse-Allerlei mit Kartoffelpüree (Note 2,17), Rahmgeschnetzeltes mit Nudeln und Brokkoli (Note 2,20) und Gyros mit Tzaziki, Tomatenreis und Salat (Note 2,23).

Die Bewertung der Speisegruppen fällt bei den herkömmlichen Rezepten besser aus als bei den optimierten. Beispielsweise sinkt sie bei Fleisch ohne Soße von 2,10 auf 2,21, bei Fisch von 2,37 auf 2,70 oder bei vegetarischen Gerichten von 2,34 auf 2,83 (alle Unterschiede sind signifikant). Insgesamt ist die Spanne der Noten von der besten bis zur schlechtesten relativ eng. Sie entspricht einer Bewertung im Bereich von „gut" oder „befriedigend".

Eine ebenfalls durchgeführte Befragung zu den Rahmenbedingungen bei den Mittagsmahlzeiten ergibt, dass jeder zweite Schüler nicht immer (44 Prozent) oder nie (8 Prozent) genug Zeit zum Essen hat. Nur etwa ein Viertel (26 Prozent) von ihnen trinkt täglich etwas zum Mittagessen und mehr als die Hälfte der Schüler (58 Prozent) würde die optimierten Rezepte rückblickend „manchmal auch zu Hause essen".

Schlussfolgerungen

Das Studiendesign beider Untersuchungen ist für die Einführung von neuen Rezepten oder Gerichten eigentlich nicht optimal. Die Schüler bekommen zwei Wochen lang jeden Tag etwas Neues. Um eine hohe Akzeptanz zu erreichen, ist jedoch die schrittweise Einführung neuer Gerichte oder modifizierter Rezepte sinnvoller. So ließe sich zum Beispiel die bisher kalkulierte Gemüsemenge pro Person etwa alle drei bis vier Wochen um zehn Gramm pro Person steigern oder die bisherigen Fleischportionen etwa alle zwei Monate um zehn Gramm reduzieren. Weitere Tipps für die praktische Umsetzung sind weiter unten aufgeführt.

Schulen, die ein Mittagessen im Sinne der Optimierten Mischkost anbieten möchten, können Rezepte und praktische Tipps für die Küche einem vom FKE herausgegebenen Rezeptordner (Rezepte für das Mittagessen in Schulen) entnehmen. Dieser ist das Resultat der oben beschriebenen bundesweiten Studie und unter www.fke-do.de erhältlich.

Tipps für die praktische Umsetzung (nach Clausen 2006)

1. In kleinen Schritten vorgehen:
   zum Beispiel Gemüsemenge schrittweise erhöhen.
2. Bekanntes mit Unbekanntem kombinieren:
   zum Beispiel rote Linsen (neu) mit Würstchen (bekannt) oder helle mit Vollkornnudeln mischen.
3. Gutes „Marketing":
   zum Beispiel durch Plakate im Speisesaal oder Projekte im Unterricht, Aktionswochen (italienische Woche), geeignete Bezeichnungen für Gerichte (zum Beispiel „Gemüseauflauf mit Käse-Knusperkruste" anstatt „Gemüseauflauf mit Getreidekruste").
4. Mit gutem Vorbild vorangehen:
   zum Beispiel durch die Teilnahme von Lehrern, Betreuern am gemeinsamen Mittagessen.
5. Die Meinung der Schüler einholen:
   zum Beispiel durch Bewertungen der Schüler anhand von Fragebögen.
6. Keine Scheu vor neuen Rezepten:
   Das anfängliche Abwiegen der Zutaten hilft zum Beispiel, ein Gespür für die anfangs noch ungewohnten Mengenanteile in optimierten Rezepten zu bekommen.
7. Nicht zu schnell aufgeben:
   zum Beispiel Rezepte, die beim ersten Mal nicht gut ankommen, ein zweites oder drittes Mal anbieten, um die weit verbreitete „Neophobie" zu überwinden.

Literatur

Alexy, U.; Clausen, K.; Kersting, M.: Die Ernährung gesunder Kinder und Jugendlicher nach dem Konzept der Optimierten Mischkost. Ernährungs-Umschau 55, 2008, S. 168–175.

Clausen, K.: Mittagsmahlzeit nach optimiX. Schulverpflegung 4, 2006, S. 8–11.

Clausen, K.; Rumpold, N.; Kersting, M.; Wahrburg, U.: Optimierte Mischkost in Ganztagsgrundschulen – Ernährungsphysiologische und sensorische Prüfung. Hauswirtschaft und Wissenschaft 54, 2006, S. 135–140.

Clausen, K.; Kersting, M.: Optimierte Mittagessen im Praxistest bei Schülern. Die Ganztagsschule 47, 2007a, S. 33–45.

Clausen, K.; Kersting, M.: Ernährung in Ganztagsschulen. Ernährungs-Umschau 54, 2007b, S. 114–119.

DGE – Deutsche Gesellschaft für Ernährung (Hg): Referenzwerte für die Nährstoffzufuhr. Frankfurt a. M. 2000.

Kersting, M.; Clausen, K.: Empfehlungen für das Mittagessen in Kindertagsstätten und Ganztagsschulen. Dortmund 2010.

Kersting, M.; Clausen, K.: Wie teuer ist eine gesunde Ernährung für Kinder und Jugendliche? Ernährungs-Umschau 54, 2007, S. 508–513.

ZMP – Zentrale Markt- und Preisberichtsstelle für Land-, Forst- und Ernährungswirtschaft (Hg.): Schulverpflegung an Ganztagsschulen. Bonn 2005.

Bedeutung von Umfeld und Ambiente bei Schulmahlzeiten[1]

Gertrud Winkler

Einleitung

Viele Schulen stehen derzeit vor der Herausforderung, eine schülergerechte Mittagsverpflegung anzubieten, die hohen und scheinbar widersprüchlichen Anforderungen zu genügen hat. Sie soll schmecken, attraktiv und praktikabel sein. Sie muss sich in den Schulalltag einpassen, die körperliche und geistige Leistungsfähigkeit unterstützen, einen aktiven Beitrag zur Ernährungserziehung leisten, der Imagepflege der Schule dienen und vieles andere mehr.

Hilfestellungen zu den zahlreichen Fragen in der Planungs- und Einführungsphase gibt es inzwischen von verschiedenen Seiten (aid/DGE 2005; aid/DGE 2003; www.schuleplusessen.de). Hier sind insbesondere die speziellen Beratungsangebote der einzelnen Bundesländer zu nennen wie die „Vernetzungsstelle Schulverpflegung" (vgl. Simshäuser in diesem Band). Auch Empfehlungen zur Speiseplangestaltung und zum Speisenangebot liegen seit längerem vor (zum Beispiel Geschäftsstelle BÖL 2005; FKE 2006; VZNRW 2005b). Im September 2007 wurden im Auftrag des Bundesministeriums für Ernährung, Landwirtschaft und Verbraucherschutz (BMELV) die bundesweiten „Qualitätsstandards für die Schulverpflegung" veröffentlicht (BMELV 2007). Erarbeitet hat diese die Deutsche Gesellschaft für Ernährung (DGE) im Rahmen des Projekts „Schule + Essen = Note 1". Als wissenschaftlich gesicherte und praxistaugliche Standards bilden sie die Basis für eine qualitativ hochwertige Schulverpflegung. Sie benennen konkrete Anforderungen an eine ausgewogene Mittagsverpflegung sowie Einsatz und Qualität der Lebensmittel.

Nur wenig Beachtung finden bislang die Faktoren, die dazu beitragen, dass Schüler die Mittagsverpflegung in der Schulmensa als attraktiv bewerten und langfristig annehmen. Denn diese lässt sich nur dann wirtschaftlich und erfolgreich betreiben, wenn die der Kalkulation zu Grunde liegenden Essenszahlen langfristig erreicht und gehalten werden.

---

[1] Der Text basiert auf dem Artikel Winkler, G.; Deumert, R.: „Schulverpflegung – was macht sie langfristig attraktiv?", Ernährung – Wissenschaft und Praxis 7, 2007, S. 307–312.

Hintergrund und Fragestellung

Nicht nur das vielfältige und ansprechende Speisenangebot ist ausschlaggebend für die Akzeptanz einer Verpflegung. Viele andere Faktoren spielen ebenfalls eine Rolle, unter Umständen eine noch größere (Stroebele/De Castro 2000). Das Forschungsteam um Scholl und Kutsch (2007) zeigte im Rahmen einer Fallstudie an einer Bonner Grundschule, dass die Essatmosphäre zum einen durch das Zusammenwirken sensorischer Einflussgrößen bestimmt wird: zum Beispiel Geruch, Geschmack, Temperatur und Optik der Speisen. Zum anderen sind eine Vielzahl von Umweltfaktoren entscheidend: das Ambiente in der Mensa, also Geräusche, Gerüche, Lichtverhältnisse, Temperatur und farbliche Gestaltung der Räumlichkeiten (inkl. der Beteiligungsmöglichkeiten für die Schüler) sowie die zeitlichen Gegebenheiten. Weiterhin sind soziale Einflussgrößen von Bedeutung, die mit Anwesenheit und Verhalten anderer Personen zusammenhängen.

Die Hochschule Albstadt-Sigmaringen hat in diesem Zusammenhang Untersuchungen angestellt, um allgemeingültige Kriterien für die langfristige Attraktivität von Schulverpflegung zu ermitteln. Die Ergebnisse sind im Folgenden zusammenfassend dargestellt.

Untersuchungen zur langfristigen Attraktivität von Schulverpflegung

Es erfolgten zwei Untersuchungen mit unterschiedlichen qualitativen Erhebungsansätzen, jeweils in Kooperation mit dem Ministerium für Ernährung und ländlichen Raum Baden-Württemberg (MLR). Beide hatten zum Ziel, Faktoren herauszuarbeiten, die eine langfristige Zufriedenheit mit der Mittagsschulverpflegung bei Schülern, Lehrkräften und Eltern bedingen.

An der ersten Untersuchung (Peischl 2006) nahmen zunächst 15 Schulen in den Regierungsbezirken Stuttgart und Tübingen teil, die bereits seit längerer Zeit eine Mittagsverpflegung anboten und dabei einen guten Ruf genossen. Vertreten waren verschiedene Schularten im städtischen Umfeld und ländlichen Raum (Grund-, Haupt-, Realschulen und Gymnasien), unterschiedliche Bewirtschaftungsformen (Lehrkräfte-Schüler-, Eltern-, Hausmeister-Modelle, externe Verpflegungsbetriebe) sowie alle Verpflegungssysteme (zum Beispiel Frisch-, Tiefkühl-, Warmlieferküche). Im Schuljahr 2005/06 wurden in jeder dieser Schulen mittels qualitativer Methoden[2] Aspekte erhoben, die die Zufriedenheit der

---

[2] Beobachtende Teilnahme, leitfadengestützte Fokusgruppendiskussion mit je drei Schüler-, Lehrer- und Elternvertretern und problemzentrierte Interviews mit Schulleitung und Verantwortlichen für die Mittagsverpflegung.

Essensteilnehmer erklären. Die Auswertung erfolgte mittels einer zusammenfassenden Inhaltsanalyse[3] (Brüsemeister 2000; Flick 2002).

2006 erfolgte im Rahmen einer zweiten Untersuchung eine Expertenbefragung zur Schulverpflegung. Deren Ergebnisse flossen in eine „Arbeitshilfe für die Erstellung eines Leistungsverzeichnisses zur Schulverpflegung" ein. Sie wird als Handreichung für Verantwortliche bei der Gestaltung von Ausschreibungen und Lieferverträgen angeboten (Deumert 2007). Es wurden 20 Experten befragt: unter anderem Führungspersonal (in Verpflegungsbetrieben, Kommunen beziehungsweise bei Schulträgern), Spezialisten (bei Fachgesellschaften, Hochschulen und Forschungseinrichtungen), Praktiker der Schulverpflegung sowie Ansprechpartner von Verbraucherzentralen und aus Projekten, die sich ebenfalls mit dem Thema beschäftigen. Zahlreiche Fragen bezogen sich dabei darauf, was langfristig funktionierende Schulmensen auszeichnet (Deumert 2006).

Ergänzend liegen Ergebnisse aus einer Erhebung zur Situation und Qualität der Mittagsverpflegung an 20 Gymnasien in Baden-Württemberg vor (ausführlich in Winkler 2008 beschrieben). Zusammen mit Daten aus weiteren studentischen Projekten, Fallstudien sowie Erfahrungen aus der kontinuierlichen Zusammenarbeit mit Schulen und Verpflegungsbetrieben in Fragen der Schulverpflegung fließen auch diese hier ein.

Ergebnisse

Eine langfristige Zufriedenheit mit der Schulverpflegung lässt sich mit allen Bewirtschaftungsformen und Verpflegungssystemen erreichen. Ein schmackhaftes und gesundes Speisenangebot ist dabei immer nur ein Aspekt von vielen. Der langfristige Erfolg hängt vom Zusammenspiel mehrerer Faktoren ab (siehe Abbildung). Einige sind bereits in der Planungs- und Einführungsphase (zum Beispiel durch entsprechende bauliche Maßnahmen) zu bedenken und umzusetzen, andere kontinuierlich im laufenden Betrieb (zum Beispiel Integration der Schulmensa in den Schulalltag, Kommunikation). Die wichtigsten sind im Folgenden dargestellt:

Abwechslungsreiches, attraktives Angebot

Kinder sind bekanntlich eher „konservative Esser". Unbekannte Speisen müssen einen langwierigen Prozess des „Mögen-Lernens" durchlaufen (Birch 1998). Schüler wünschen sich daher ein Speisenangebot, das sich an ihren Essgewohn-

---

[3] Die protokollierten Aussagen werden reduziert, paraphrasiert und kategorisiert.

Abbildung   Einflussfaktoren auf die langfristige Zufriedenheit mit Schulverpflegung und deren Akzeptanz

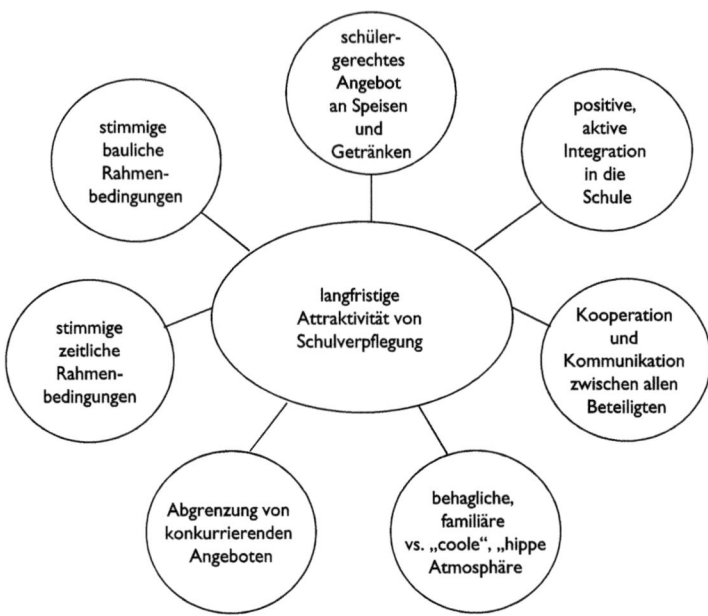

heiten orientiert, das aber trotzdem abwechslungsreich und nicht vorhersehbar ist (also nicht an jedem vierten Donnerstag „Spaghetti mit Tomatensoße").

Empfohlen wird daher ein mindestens sechswöchiger Turnus des Speiseplans, der berücksichtigt, dass viele nur an einem oder zwei immer gleichen (!) Wochentagen die Mittagsverpflegung in Anspruch nehmen. Die Speisen sollen Kinder und Jugendliche optisch und geschmacklich ansprechen. Das setzt entsprechende Schulung beziehungsweise Erfahrungen des Verpflegungspersonals voraus. Es bewährt sich beispielsweise vor allem bei jüngeren Schülern, Komponenten verschiedener Größe, Form und Farbe sowie Konsistenz (zum Beispiel weich und knusprig) zu kombinieren. Zu bedenken ist auch die extrem heterogene Zielgruppe, die von ganz jungen Schulkindern bis hin zu jungen Erwachsenen gehen kann. Schüler wünschen sich natürlich, dass „Lieblingsgerichte" oft in die Speisenplanung einbezogen werden und auf „problematische" (häufig „gesunde") Speisen ganz verzichtet wird (zum Beispiel Gemüseeintöpfe und -aufläufe,

Vollkornprodukte). In der Praxis ist es daher zweckmäßig, diese schrittweise einzuführen.

Themenwochen steigern die Attraktivität und eignen sich gut zur Einführung neuer Speisen. Ähnliches gilt auch für verschiedenste Veranstaltungen und Sonderaktionen, die zum Beispiel gezielt Eltern und Lehrkräfte mit einbeziehen und damit das Ansehen einer Schulmensa erheblich steigern können. Soweit möglich und vom Aufwand her vertretbar sind individuelle Wünsche zu berücksichtigen, sei es aus ethischen, religiösen oder gesundheitlichen Gründen. Getränke sind am besten kostenlos oder sehr kostengünstig im Bereich der Speisenausgabe verfügbar und nicht – wie gelegentlich anzutreffen – in einem anderen Teil der Schule (beispielsweise durch den Hausmeister oder über Automaten).

Verpflegung als bereichernder Bestandteil der Schule

Die Mittagsverpflegung ist von der gesamten Schule aktiv und positiv als Bereicherung einzuführen und in die Schule zu integrieren. Sie darf kein lästiges, neues „Anhängsel" beziehungsweise Symbol für ungeliebte Veränderungen im Schulalltag darstellen. Zweckmäßig ist in diesem Zusammenhang zum Beispiel die Nutzung des Speisesaals außerhalb der Essenszeiten als Treffpunkt, Kommunikationsraum, für Arbeitsgruppen, Sitzungen oder Konferenzen.

Diese Identifikation mit der Mittagsverpflegung und das Miteinander aller Beteiligten lassen sich durch Folgendes fördern:

- Regelmäßige Teilnahme von Schulleitung und Lehrkräften an der Schulverpflegung,
- Einbeziehen der Schüler (Speiseplangestaltung, Gestaltung der Mensa, verschiedene Dienste in der Mensa usw.),
- ständiges Aufgreifen des Themas Schulverpflegung in verschiedenen Unterrichtsfächern und unter verschiedenen Gesichtspunkten,
- Anbieten fachübergreifender Projekte (zum Beispiel Schulgarten) und Exkursionen (Besichtigung des Küchenbereichs, von Lieferantenbetrieben),
- Akzeptanz und Umsetzen von Wünschen und (konstruktiver) Kritik.

Jüngere Schüler orientieren sich bei ihrer Einstellung zur Schulverpflegung nach eigener Aussage besonders am Vorbild der älteren. Ein besonderes Augenmerk ist daher auch auf deren Integration zu legen.

Kommunikation und Kooperation

Anstrebenswert ist eine positive Kommunikation über Mensa und Schulverpflegung, beziehungsweise wenn notwendig, eine sachlich fundierte und konstruktive. Unüberlegte abfällige Bemerkungen vor allem von Seiten des Lehrpersonals, älterer Schüler oder auch der Eltern greifen Kinder schnell auf und tragen sie unreflektiert weiter. Sie scheinen häufig sehr gut in der Lage zu sein, das Klima sowohl innerhalb der Küche als auch zwischen den beteiligten Akteuren wahrzunehmen (zum Beispiel Kommunikation zwischen Koch- und Ausgabepersonal, Unstimmigkeiten zwischen Verpflegungsbetrieb und Rektorat oder Elternbeirat). Es besteht jeweils die Gefahr, dass dann das Ansehen der Mensa insgesamt darunter leidet.

Wichtig sind in diesem Zusammenhang etablierte Kommunikationsmöglichkeiten. Sie müssen allen Beteiligten bekannt sein, akzeptiert werden und in jedem Fall auch Schüler einbeziehen. Bewährt haben sich dabei verschiedene Modelle: zum Beispiel feste Ansprechpersonen (nur) bei Problemen, regelmäßige Befragungen und persönliche Austauschmöglichkeiten, ein „runder Tisch", ein professioneller Beirat oder ein Mecker- oder Kummerkasten. Welches Modell auch immer gewählt wird, es sollte nicht auf eine „Einbahn"-Kommunikation hinauslaufen. Die Ergebnisse beziehungsweise Umsetzungen sind wiederum zu kommunizieren (Infobrett, Mensaseite in der Schülerzeitung, Mensazeitung und ähnliches).

Familiäre Behaglichkeit versus coole Hippness

Die meisten Schüler in Deutschland werden bisher ausschließlich im familiären Umfeld verpflegt. Nehmen sie erstmals an Gemeinschaftsverpflegung teil, sind damit sowohl Neugier als auch Ängste verbunden. Jüngeren Schülern war in unseren Erhebungen daher eine behagliche und familiäre Atmosphäre wichtig. Um diese zu erreichen, halten jüngere Kinder feste Tischgemeinschaften und ältere Schüler als Tischbetreuer für förderlich. Diese empfinden wiederum genau das als „uncool" und wünschen sich eine moderne, „hippe" Atmosphäre, wie sie sie aus Einrichtungen der Systemgastronomie kennen. Sowohl jüngere als auch ältere Schüler akzeptieren gerne einen gemeinsam erstellten Regelkatalog zum Benehmen in der Mensa.

Eine Schlüsselrolle im Zusammenhang mit der Atmosphäre in der Mensa kommt dem Personal an der Essensausgabe als direkter Bezugsperson zu (Umgang mit den Kindern, individuelles Portionieren, Nachschlag anbieten usw.)! Sie lässt sich nicht hoch genug einschätzen.

Stimmige bauliche und zeitliche Rahmenbedingen

Im Zusammenhang mit der gesamten Atmosphäre sind auch die baulichen und zeitlichen Rahmenbedingungen nicht zu unterschätzen. Schüler äußern häufig, dass sie verständlicherweise ihre Mittagspause nicht durch Wartezeiten an der Essensausgabe vergeuden wollen. Dies setzt eine optimierte Ausgabesituation und ein entsprechendes Zahlungssystem voraus. Aber auch die Schule selbst kann durch gestaffelte Essenszeiten und entsprechende Stundenplangestaltung ihren Beitrag leisten. Schüler fühlen sich in ansprechenden Räumlichkeiten wohl, die ihnen eine eigene Gestaltung ermöglichen (Ausstellungen, Wandmalereien usw.). Sie benötigen ausreichend Platz zum „gefahrlosen" Gehen mit vollen Tabletts und zum bequemen Sitzen. Zu ermöglichen ist eine ruhige, entspannte und ordentliche Ess-Situation: ohne Lärm und Toben, ohne ständiges Kommen und Gehen (keine Durchgangssituation) und ohne herumliegende Schultaschen, Kleidungsstücke, nicht abgeräumtes Geschirr usw. Diese Faktoren sind bereits in der Planungsphase zu berücksichtigen (Sitzplatzanzahl, Tischanordnung und Akustik im Speiseraum, Garderoben, Ablagen, gegebenenfalls Schließfächer).

Analyse und Abgrenzung von konkurrierenden Angeboten

Alternative Angebote, wie sie in innerstädtischen Bereichen häufig zu finden sind (zum Beispiel Döner-Buden, Bäckereien, Metzgereien mit Imbiss oder Mittagstisch), können den langfristigen Erfolg einer Schulverpflegung erheblich gefährden. Die Konkurrenzsituation ist deshalb gut zu analysieren und zu beobachten (zum Beispiel Preisgestaltung nicht am „grünen Tisch" sondern im Vergleich zur „Konkurrenz"). Eine Abgrenzung nur über den Preis oder Gesundheitswert ist langfristig häufig nicht durchzuhalten und für Schüler oft nicht einsichtig. Es kann daher ratsam sein, trotz möglicher entstehender Unannehmlichkeiten konkurrierende schulinterne oder externe Angebote auszuschalten, deutlich zu reduzieren oder deren Zugang zu erschweren oder zu verbieten (Regelungen zum Verlassen des Schulgeländes usw.).

Vor allem ältere Schüler, aber häufig auch Eltern wünschen sich eine hohe Flexibilität hinsichtlich der Essensteilnahme. Das heißt, es sollte spontan und ohne langfristige Voranmeldung möglich sein, am Mittagessen teilzunehmen (wie es auch „draußen" üblich ist). Dies ist allerdings nicht nur eine technische Frage des Bezahlsystems. Dabei ist zu berücksichtigen, dass dieser vermeintliche Vorteil die Kalkulation der Essenszahlen erschwert. Es trägt möglicherweise zu höheren Preisen bei. Damit sinken die Essenszahlen bei „gesunden" oder neuen Gerichten häufig, was dem Gedanken der Ernährungserziehung zuwider läuft.

Diskussion

Die Zufriedenheit der Kinder und Jugendlichen mit der (Mittags-)Verpflegung an ihrer Schule ist Voraussetzung dafür, dass die erforderlichen Essenszahlen erreicht werden und das Vorhaben langfristig „funktioniert". Die vorliegenden Erhebungen zeigen, dass sich eine entsprechende Zufriedenheit mit allen Bewirtschaftungsformen und Verpflegungssystemen erreichen lässt. Dabei ist ein gesundheitsförderliches Angebot zwar wichtig, für die Schüler stehen aber andere Dinge im Vordergrund.

Der genannte Katalog an förderlichen Faktoren ist sehr umfassend. Er ist jedoch nicht so zu verstehen, dass eine Schulverpflegung nur dann erfolgreich ist, wenn alle Kriterien erfüllt sind. Vielmehr steigt die Wahrscheinlichkeit, dass sie langfristig Zufriedenheit erzeugt, mit der Anzahl der berücksichtigten Aspekte. Die Äußerungen der Schüler lassen vermuten, dass dem Ausgabepersonal, dem Image der Mensa und ihrer Akzeptanz bei Vorbildpersonen (Schulleitung, Lehrkräfte) und Meinungsführern (ältere Schüler) eine herausragende Bedeutung zukommt.

In der Praxis hängt es von den Möglichkeiten vor Ort ab, inwieweit die genannten Punkte zu realisieren sind. Nicht zu vergessen ist, dass das „Kerngeschäft" einer Schule weiterhin ein anderes ist. Oft reicht es aus, sinnvolle, von allen Seiten akzeptierte Kompromisse aus Schülerwünschen, Vorgaben und Möglichkeiten zu finden. Dies verdeutlichen auch die hier analysierten Schulen.

Zu bedenken ist weiterhin, dass Einstellungen und Wünsche von Schülern durchaus unterschiedlich sind: Während jüngere Kinder sich beispielsweise eine familiäre Atmosphäre und ältere Schüler als Vorbilder wünschen, brachten die älteren zum Ausdruck, dass gerade das „uncool" ist und sie lieber nicht zusammen mit jüngeren essen. Ebenso wünschen sich zwar die meisten Verhaltensregeln für das Miteinander in der Mensa. Andere deuten sie aber als unangemessene Maßregelung. So empfinden sie Graffitis an Mensawänden sowohl als „cool" als auch als beunruhigend. Auch der ernährungserzieherische Ansatz, Schüler in den Prozess der Verpflegung einzubinden, kann einerseits Identifikation und Nachfrage stärken. Andererseits kann er mit personal- und arbeitshygienischen Anforderungen kollidieren.

Fazit für die Praxis

Um Schulverpflegung nicht nur „gesund", sondern gleichzeitig langfristig attraktiv zu gestalten, sind über das reine Essensangebot hinaus zahlreiche weitere Punkte zu berücksichtigen. Sogenannte „Wohlfühl"-Faktoren lassen sich schon durch kleine Änderungen in der Planung fördern (zum Beispiel die Einstellung von besonders geeignetem, freundlichem Küchenpersonal) und erhöhen damit die Nachfrage nach der Schulverpflegung.

Aus einem komplexen Zusammenspiel von Anforderungen, Wünschen und Vorstellungen ist dazu in allen Phasen (von der Planung und Ausschreibung bis zum laufenden Betrieb) ein für die jeweilige Schulsituation sinnvoller Kompromiss zu finden. Dies erfordert guten Willen und Engagement aller Beteiligten.

Literatur

aid – aid infodienst Ernährung, Landwirtschaft, Verbraucherschutz e. V.; DGE – Deutsche Gesellschaft für Ernährung (Hg.): Essen und Trinken in Schulen. Bonn 2003.

aid – aid infodienst Ernährung, Landwirtschaft, Verbraucherschutz e. V.; DGE – Deutsche Gesellschaft für Ernährung (Hg.): Verpflegung für Kids in Kindertagesstätte und Schule. Bonn 2005.

Geschäftsstelle BÖL – Bundesprogramm Ökologischer Landbau in der Bundesanstalt für Landwirtschaft und Ernährung (Hg.): Rahmenkriterien für das Verpflegungsangebot in Schulen. Bonn 2005.

Birch, L. L.: Development of food acceptance patterns in the first years of life. Proceedings of the Nutrition Society 57, 1998, pp. 617–624.

Brüsemeister, T.: Qualitative Forschung. Ein Überblick. Wiesbaden 2000.

BMELV – Bundesministerium für Ernährung, Landwirtschaft und Verbraucherschutz (Hg.): Qualitätsstandards für die Schulverpflegung. Bonn 2007.

Deumert, R.: Erstellung eines Musterleistungsverzeichnisses für die Ganztagsschulverpflegung. Diplomarbeit an der Hochschule Albstadt-Sigmaringen 2006.

Deumert, R.: Arbeitshilfe für die Erstellung eines Leistungsverzeichnisses zur Schulverpflegung, Sigmaringen 2007. Online: http://www.landwirtschaft-mlr.baden-wuerttemberg.de/servlet/PB/menu/1204383_l1/index.html, Stand: 23.09.2010.

Flick, U.: Qualitative Sozialforschung. Eine Einführung. 6. Auflage. Reinbek bei Hamburg 2002.

FKE – Forschungsinstitut für Kinderernährung (Hg.): Empfehlungen für das Mittagessen in Kindertagesstätten und Ganztagsschulen. Lüdinghausen 2006.

Peischl, C.: Recherche und Beurteilung von akzeptierten und zufriedenstellenden Verpflegungssystemen in Ganztagsschulen. Diplomarbeit an der Hochschule Albstadt – Sigmaringen 2006.

Scholl, M.; Kutsch, T.: Essatmosphäre in der Schule. Eine Fallstudie zur empirischen Untersuchung der Mittagsverpflegung von Grundschulkindern. Ernährungsumschau 54, 2007, S. 16–22.

Ströbele, N.; De Castro, J. M.: Effect of ambience on Food Intake and Food Choice. Nutrition 20, 2000, pp. 821–838.

VZNRW – Verbraucherzentrale Nordrhein-Westfahlen (Hg.): Bärenstarke Kinderkost. 9. Auflage. Düsseldorf 2005.

Winkler, G.: Zur Situation und Qualität der Mittagsverpflegung an Schulen. Eine Erhebung an 20 Gymnasien in Baden-Württemberg. Ernährung 2, 2008, S. 216–221.

„Gesund? Nachhaltig? Integriert?
Was soll, was kann Schulverpflegung leisten?"
Interview mit Ulla Simshäuser

Das Thema Schulverpflegung wird heftig diskutiert. Was macht das Thema so kompliziert?

Viele Schulen werden derzeit de facto zu ganztägigen Schulen ausgebaut. Im Prinzip ist allen beteiligten Akteuren klar, dass Kinder in diesem verlängerten Schulalltag eine Verpflegung brauchen, die Qualitätskriterien entspricht und allen zugänglich ist. Im Grundsatz besteht also weitgehend Einigkeit. Kompliziert wird es bei der Umsetzung. Denn die Einführung von Schulverpflegung vollzieht sich parallel zum Wandel des Bildungsverständnisses von Schule und ist davon nicht zu trennen. Es geht also nicht nur um das Essen und verlängerte Öffnungszeiten, sondern um einen veränderten Bildungsauftrag von Schule im Zuge des sozialen Wandels.

Teil dieses Wandels sind die Veränderungen der Arbeitswelt und der Familienstrukturen. Das gilt für den bundesweit stark gestiegenen Anteil an Ein-Eltern-Familien ebenso wie für Zwei-Eltern-Familien, bei denen beide Eltern ganztags berufstätig sind. Gleichzeitig hat sich der Naherfahrungsraum von Kindern verändert. Wissen und Fertigkeiten über gesunde Ernährung und ihre Zubereitung werden zu Hause oder in der unmittelbaren Nachbarschaft weniger erfahrbar. Der öffentliche Raum bietet andererseits kaum Möglichkeiten, insbesondere kritisches Konsumverhalten einzuüben. Für viele Kinder ist dies auch ein Luxus. Jedes vierte Kind in Deutschland lebt heute in Armut (Holz 2008). Das bedeutet, dass eine warme Mahlzeit täglich und unversehrte Kleidung nicht mehr selbstverständlich sind. Die Rechte und Entwicklungschancen dieser Kinder sinken (Kinderhilfswerk 2009).

Vor diesem Hintergrund wandelt sich Schule zu einem ganztägigen Lebensraum, der Erfahrungen erfolgreicher Alltagsgestaltung ermöglichen muss (Methfessel 2008). Der schulische Bildungsauftrag erstreckt sich also auch auf das tägliche Einüben so basaler Lebensführungskompetenzen wie zum Beispiel regelmäßiges gesundes Essen, Umgang mit dem eigenen Körper und mit Umwelt, nachhaltigem Konsum, Entwicklung von Selbstvertrauen und gegenseitigem Respekt.

Pädagogische Erfordernisse von Alltagsgestaltung und Lebensqualität verlangen also nach einer Entsprechung in sehr professionell angelegten, organisationalen Strukturen, die von vielen Akteuren gemeinsam entwickelt und getragen werden müssen. Schulverpflegung ist demnach nichts Geringeres als Teil einer komplexen Organisationsentwicklung hin zu einer lebenswerten Alltagskultur in einer guten gesundheitsfördernden Schule (Paulus 2010). Das alles macht die Angelegenheit schwierig und zu einer Daueraufgabe. Sie lässt sich weder komplett an externe Caterer noch an Freiwillige delegieren, sondern ist Aufgabe einer kontinuierlichen Entwicklung.

Um es auf den Punkt zu bringen: Kompliziert am Thema Schulverpflegung ist, dass es sehr unterschiedliche Dimensionen hat, deren praktische Umsetzung von erfolgreichen Interventionen auf mehreren politischen und administrativen Ebenen abhängt. Sie fanden bisher erst in Ansätzen statt:

- Die Dimension von nachhaltiger Qualität und Qualitätssicherung der Mahlzeiten verlangt zum Beispiel eine Praxis, die die Einhaltung von Mindeststandards verbindlich festlegt.
- Die Dimension der nachhaltigen Organisation und Finanzierung der Mahlzeiten setzt funktionierende ressortübergreifende Kooperationen besonders auf Landes- und kommunaler Ebene voraus, die aber den Kommunen nicht alle Lasten aufbürden.
- Die Dimension des zeitgemäßen Bildungs- und Erziehungsauftrags von Schule müsste durch ein politisch und (schul-)rechtlich verankertes Bekenntnis aller Bundesländer zur gesundheitsfördernden Schule abgesichert werden.
- Dazu gehört auch, dass ein entsprechendes Management Know-How über Schulentwicklung und Schulverpflegung zum festen Bestandteil der Lehrerbildung wird. All das fehlt weitgehend.
- Nicht zuletzt erfordert die Dimension von gesundheitlicher Chancengleichheit von Kindern und Jugendlichen eine Ministerien übergreifende integrierte Präventionspolitik, die weder Bildungseinrichtungen noch außerschulische Akteure aus der Verantwortung entlässt.

Gibt es denn bei einer so komplizierten Ausgangslage eine Lösung?

Angesichts der schwierigen Rahmenbedingungen ist es erstaunlich, was sich inzwischen auf der lokalen Ebene getan hat und wie viel mehr Engagement Schulen, Eltern und Kommunen in die Lösung dieser Frage eingebracht haben.

Schulen haben unterschiedliche Ausstattungen, es gibt deshalb kein Patentrezept. Eine klare Zielformulierung hilft hier oft schon weiter. Es gäbe auf der politischen Ebene eine „einfache" Entscheidung und die hieße: Schulverpflegung soll zu einem verpflichtenden Bestandteil *aller* Schulen werden mit der Vision, sie für *alle* Kinder möglichst kostenlos anzubieten. Natürlich ist in der praktischen Umsetzung nichts „einfacher", kostenlos ist es selbstverständlich auch nicht. Es gäbe jedoch längst eine dynamischere Suche nach Antworten auf die drängende Finanzierungsfrage bei einem entschiedenen „ja" aller Bundesländer zum schulischen Mittagstisch als gesetzlich verankertem Pflichtauftrag von Schulen und Kitas. In anderen Bereichen geht das schließlich auch.

Schulverpflegung für *alle* bringt zudem ökonomische und ökologische Vorteile und erleichtert ihre Qualitätssicherung und Finanzierbarkeit (Arenz-Azevedo 2007): Nur wenn täglich *alle* in der Schule essen, „rechnet" sie sich für ihre Anbieter (Peinelt et al. 2004). Nur in diesem Falle haben Akteure einer ökologischen Gemeinschaftsverpflegung eine konkrete Marktchance. Inzwischen ist Schulverpflegung ein Wettbewerbsfaktor unter Schulen geworden. Er gewinnt auch als Faktor der Standortsicherung von Kommunen an Bedeutung.

Ein zentraler Vorteil von Schulverpflegung für *alle* ist ihr Beitrag zur Integration von Kindern unterschiedlicher sozialer und kultureller Milieus. Das gemeinsame Essen mit den Lehrenden stärkt die Schulgemeinschaft. Das ist die einhellige Erfahrung aller anbietenden Schulen. Im Speiseplan gilt es zum Beispiel Lösungen für Vegetarier, religiöse Gruppen oder Allergiker zu finden. Auch sind die Gaumenfreuden der Kinder und Jugendlichen sowie ihre altersabhängigen unterschiedlichen Bedürfnisse an Ambiente und Entspannung zu berücksichtigen. Das alles muss gemeinsam ausgehandelt werden und unter einem Dach seinen Platz finden. In die Schulen halten also nicht mehr nur „Fächer" Einzug, sondern auch die Alltagsorganisation in einer verantwortlichen Gemeinschaft. Wenn es aber dafür keine fördernden Rahmenbedingungen gibt, werden die Schulakteure überfordert.

Im Übrigen ist zum Thema Schulverpflegung aus Expertensicht längst alles gesagt (DGE 2010)! Ihre nachhaltige Realisierung als Standard in unseren Schulen ist eine Frage des politischen Willens, der Anerkennung öffentlicher Ernährungsverantwortung und des Rechtes aller Kinder und Jugendlichen auf gesundheitliche Chancengleichheit.

Was meinen Sie mit öffentlicher Ernährungsverantwortung? Was hat Schulverpflegung mit Chancengleichheit zu tun?

Die Veränderungen in unserer Lebensweise und unserer Umwelt erfordern neue Antworten. Aber „Antworten" auf gesellschaftliche Fragen zu finden, hat im doppelten Sinne etwas mit „Verantwortung" zu tun (Weizsäcker et al. 1997). Das gilt auch für Ernährung und Gesundheit. Unsere Verantwortung erstreckt sich hier nicht allein darauf, dass Kinder nicht hungern, sondern auch darauf, dass sie erfahren, was gute Lebensmittel sind, und Rahmenbedingungen vorfinden, die sie befähigen, gut zu essen. Mitunter wissen Kinder und Jugendliche viel besser Bescheid über gesunde Ernährung als wir vermuten. Aber sie sehen nicht, wie sie das im Alltag auf unkomplizierte Weise umsetzen können. Das zeigen mir zumindest Gruppendiskussionen mit Schülerinnen und Schülern. Ernährung außer Haus ist ein wichtiges Feld zivilgesellschaftlicher Verantwortung, gerade wenn sie Kinder und Jugendliche betrifft.

Mit „Öffentlicher Ernährungsverantwortung" meine ich andererseits nicht, dass der Staat die Rezepte vorschreibt und Vollkorn verordnet. Es kann aber über Leistungsverzeichnisse zwischen Kommune und Caterer sichergestellt werden, dass in Bildungs- und Freizeiteinrichtungen eine attraktive Vielfalt gesunder Außer-Haus-Mahlzeiten vorhanden ist, die auch auf nachhaltige Weise hergestellt wurden. Es geht um eine neue Selbstverständlichkeit in diesen Dingen.

Sie sind ja im Grunde einfach zu verstehen: Wer keinen Hunger und gut gegessen hat, lernt gut. Wer Integration erfährt, kann stabile Bindungen aufbauen. Eine qualitätsgesicherte Schulverpflegung *für alle* Kinder bedeutet deshalb gesundheitliche Chancengleichheit im umfassenden Sinne.

Wollen Sie damit die Eltern aus der Verantwortung für die Ernährungsbildung ihrer Kinder entlassen?

Im Gegenteil! Eltern können dort unterstützt werden, wo sie diese Aufgabe aufgrund von Berufstätigkeit und Familiensituation nicht alleine erfüllen können. Es geht um zeitgemäße Vorbilder für ein gutes Essen in Gemeinschaft und eine neue Schulkultur! Das Bild des gemeinsamen Essens ist in Deutschland vergleichsweise eng an die häuslichen Familienmahlzeiten gebunden (vgl. Schlegel-Matthies in diesem Band). Wenn auch durch die Realität längst überholt, werden täglich zur Primetime Leitbilder vom gemeinsamen Mittagessen in der Zwei-Eltern-zwei-Kinder-Familie belebt. Das sind Bilder, die von mütterlicher und neuerdings auch väterlicher Fürsorge am Familientisch sprechen. Auch eine Fastfood-Kette kommt nicht ohne dieses Zitat aus und bewirbt mit dem Slogan „coming home" ihre Zielgruppe mit den Worten: „Hier ist jeder willkommen – wir grenzen niemanden aus. Wir geben allen Gästen ein Gefühl von zu Hause." Der öffentliche Raum und die Gemeinschaftsverpflegung können dem gemeinsamen Essen eine eigene Qualität für die gesellschaftliche Integration geben. Das ist bisher schwer vorstellbar, weil eine entsprechende Tradition fehlt.

Man kann Eltern durchaus verstehen, die angesichts einer Schule, die eher einer lebensfeindlichen Lehranstalt gleicht, Schulverpflegung ablehnen (falls sie die Möglichkeit der Wahl haben). Hinzu kommt, dass seit der Pisa-Studie die sozial ausgrenzende Wirkung deutscher Schulen wissenschaftlich belegt ist. Wieso sollen Kinder länger als absolut nötig an einem solchen Ort ihre Zeit verbringen? Skepsis findet man aber auch bei Schülerinnen und Schülern. Eine Schülerin fasste das im Interview einmal so zusammen: „Das Drumherum, das Aussehen vom Schulhaus und alles Mögliche sollte ansprechend sein, dass man gut essen kann und dass man sich wohlfühlt." Wenn nur unwirtliche Räume vorhanden sind, wird das von Schülerinnen und Schülern auch dahingehend interpretiert, dass sie für die Schule nichts wert sind.

Was die Diskussion um Schulverpflegung jenseits aller Fragen der technischen Machbarkeit und pädagogischen Anforderungen kennzeichnet, ist auch die Suche nach Bildern über soziale Integration, Wohlbefinden und positiv erlebte Gemeinschaft in deutschen Schulen.

Es gibt in anderen Ländern viele erfolgreiche Modelle. Können wir uns bei der Suche nach positiven Bildern nicht an solchen Best-Practice Beispielen orientieren?

Natürlich gibt es ermutigende Beispiele (Council of Europe 2003). Letztlich gilt es aber auszuhandeln, wohin wir als Gesellschaft und als Mikrokosmos Schule wollen, mit dem wir Kinder in die Gesellschaft einführen. Oft wird argumentiert, dass Schulverpflegung in anderen Ländern ohne Probleme funktioniere. Das ist einerseits richtig. Vergessen wird andererseits, dass solche Verpflegungsmodelle immer an einen sozio-kulturellen Kontext gebunden sind, in dem sie wirksam sind. Es kommt darauf an, wie wir dies in unsere Gesellschaft „übersetzen". Für französische Eltern, die ihr Kind ab zwei Jahren in die „Ecole Maternelle" geben, ist der gemeinsame Mittagstisch selbstverständlich. Das setzt sich später in den Schulen fort. Er erhält Bedeutung als Ort, der dazu beiträgt, Gemeinschaft, Gleichheit und Brüderlichkeit einzuüben. Häufig sind jedoch auch hier die Eltern nicht mit der Qualität der Mahlzeiten zufrieden. Aber die soziale Integration über das gemeinsame Essen gilt als mindestens ebenso wichtig.

Unabhängig davon, ob die soziale Integration erfolgreich ist oder das Essen schmeckt: Niemand käme in Frankreich ernsthaft auf die Idee, deshalb an der Notwendigkeit von Schulverpflegung zu zweifeln. Das gesellschaftliche Bewusstsein über eine entsprechende Verantwortung von Schulen hat dort eine lange Tradition und ist eng mit der Berufstätigkeit beider Eltern verbunden. Möglicherweise würden diese bei einem Wegfall von Schulverpflegung sogar das entsprechende Ministerium besetzen. All dies ist in Deutschland nicht selbstverständlich. Wir können Einzelaspekte nicht isoliert übernehmen und die gleiche Wirkung erwarten.

Kommen wir zurück nach Deutschland. Zumindest in den alten Bundesländern wird erst allmählich das Bild von ganztags berufstätigen Müttern gesamtgesellschaftlich akzeptabel. Eine Verantwortungsnahme von Politik und Wirtschaft für die Schulverpflegung ist trotzdem nicht selbstverständlich. Stattdessen fühlen sich durch den neuen schulischen Ganztagsbetrieb einzelne Mütter angesprochen und brechen in hektische Aktivität aus.

Eines der bemerkenswertesten Beispiele sind in diesem Zusammenhang die Baden-Württembergischen „Kochmütter". Als erste spontane Reaktion auf den schulischen Nachmittagsunterricht haben sich hier Mütter zusammengetan, um abwechselnd und ehrenamtlich in der Schule zu kochen. Im Großraum Stuttgart sollen beispielsweise rund 6.000 Mütter und Väter dafür im Einsatz sein! In soziologischer Hinsicht ist interessant, dass die Gemeinschaftsverpflegung zunächst nach dem Vorbild der häuslichen Küche inszeniert wird: Kochen wird dargestellt als quasi „natürliche" Aufgabe von Hausfrauen und als Liebesdienst. Gleichzeitig erinnert dieses Engagement geradezu vorbildlich daran, dass Essen und Kochen als eine Frage der Gemeinschaftsbildung und Solidarität begriffen wird, als etwas, was es bisher nur zu Hause und im Privaten gibt. Einerseits wurde durch die „Kochmütter" der gesellschaftliche Stand zu dieser Frage abgebildet. Andererseits zeigen sie mit ihrem zivilgesellschaftlichen Engagement, dass sie von den politischen Akteuren kurzfristig kaum Lösungen erwarten.

Bezeichnend ist, dass das Engagement dieser Pionnierinnen weder zu einer öffentlichen Unterstützung führte, noch sich daraus ein breiter zivilgesellschaftlicher Diskurs darüber entwickelte, wie Schulverpflegung außerhalb ehrenamtlicher Aktivitäten aussehen könnte. Diesen Platz nahmen eher Experten und Expertinnen ein. Die Notwendigkeit von Schulverpflegung wird hier auch damit begründet, dass Kindern Ernährungskompetenzen fehlten, wobei dies latent oder manifest Müttern zugeschrieben wird, die entweder „alleinerziehend" sind, oder „Migrationshintergrund" haben, jedenfalls mit ihren Kindern zu den sogenannten „bildungsfernen Milieus" zählen. Die Diskussion bedient sich also auch höchst fragwürdiger Stigmatisierungen im Gewand der Pädagogik und zementiert hinterrücks alte Rollenklischees. Die Folge ist eine soziale Praxis, in der Schulverpflegung in erster Linie für „sozial Benachteiligte" gefordert wird, die auf diese Weise vorgeführt und stigmatisiert werden. Dem kann nur dadurch begegnet werden, dass der schulische Mittagstisch Pflichtangebot *aller* Schulen für *alle* Schülerinnen und Schüler wird. Das heißt in der Konsequenz aber auch, dass chancengleiche Schulverpflegung mit öffentlichen Mitteln subventioniert werden muss!

Was soll und was kann dann Schulverpflegung aktuell überhaupt leisten?

Die Einführung von Gemeinschaftsverpflegung für alle braucht leider langen Atem, weil sie mit zahlreichen Herausforderungen zu kämpfen hat. Dazu gehört ein anderes Verständnis von Schule, Gemeinschaftsleben und sozialer Integration im öffentlichen Raum sowie die entsprechende Verantwortung seitens der Politik. Es handelt sich um ein gesellschaftliches Projekt und einen Prozess, bei dem wir aus eigenen Erfahrungen lernen müssen und uns der Blick auf andere Länder nur bedingt etwas hilft.

Die Ansprüche an Schulverpflegung waren und sind enorm. Sie soll – so macht es die letzten Jahre den Anschein – am besten alle Probleme einer Ernährungswende auf einmal lösen: das der dicken Kinder, des nicht eingelösten Bildungs- und Erziehungsauftrags von Schule, der geringen Nachhaltigkeit unserer Lebensmittel und Mahlzeiten, der wachsenden Kinderarmut. „Last but not least" soll sie zur Schulentwicklung und Demokratie beitragen.

Daneben hat sich die lokale Praxis langsam, aber beharrlich entwickelt. Das gilt es zu würdigen. Gelernt wurde aus mancher Naivität, mitunter auch aus sehr ermutigenden Erfahrungen von Schulen. Inzwischen gibt es die Qualitätsstandards einer nachhaltigen und gesunden Schulverpflegung in der 2. Auflage (DGE 2009). Sie sind zwar nicht verbindlich, aber sie existieren. Sie sind auch nicht nur Broschürenweisheit geblieben. Viele Schulen arbeiten damit und weisen ein entsprechendes Angebot aus. Bund und Länder sind mit einer breiten schulischen und kommunalen Öffentlichkeit in Austausch getreten, um für das Thema zu sensibilisieren (zum Beispiel mit der Kampagne „Bio kann jeder"). Während es zunächst ausgeschlossen schien, auch nur vereinzelte Lebensmittel aus ökologischem Anbau kostengünstig anbieten zu können, haben sich zahlreiche Schulen unbeirrt auf den Weg gemacht und es dennoch bis zur bio-zertifizierten Schulmensa geschafft.

Ähnliches gilt für die Reform der Ernährungs- und Verbraucherbildung in Schulen (REVIS). Hier führte ein interdisziplinäres Forschungsprojekt zur Entwicklung eines Kerncurriculums, das inzwischen nicht nur bundesweite Bedeutung hat, sondern auch die Diskussion in den deutschsprachigen europäischen Ländern beförderte (D-A-CH Arbeitsgemeinschaft zur Ernährungs- und Verbraucherbildung 2009).

Schulen müssen selbstständig handeln können. Dabei ist entscheidend, welche Unterstützung sie auf kommunaler Ebene erhalten. Berlin hat 2003 die erste Vernetzungsstelle Schulverpflegung eingerichtet, die aktiv Schulträger, Schulen und Eltern in einen Dialog bringt, Qualitätskriterien entwickelt und Weiterbildungsangebote umsetzt. Damals waren die politischen Akteure überzeugt, dass so etwas in anderen Bundesländern nicht möglich ist. Inzwischen haben alle Bundesländer diesen Schritt getan. Das zeigt, wie sich die Verhältnisse geändert haben.

Aktuell geht es darum, die wichtige Verbindung der landesweiten Vernetzungsstellen zu den kommunalen Schulträgern dauerhaft herzustellen. Städte und Gemeinden brauchen Kompetenzzentren vor Ort, ausgestattet mit qualifiziertem

Personal, damit Schulen jederzeit beraten und bei der Qualitätssicherung von Verpflegung aktiv unterstützt werden können. Wenn sich in Zukunft auch Gemeinderäte für eine kontinuierliche Qualitätssicherung von Schulverpflegung einsetzen, ist es wahrscheinlich geschafft.

Auch der Aufbau landesweiter Vernetzungsstellen kann allerdings nicht darüber hinwegtäuschen, dass es nach wie vor auf Landes- wie auf Bundesebene keine praxiswirksame Verständigung und „Verantwortung" zwischen den verschiedenen Ministerien (Bildung, Gesundheit, Ernährung, Finanzen) gibt, um die dringendste aller Fragen zu beantworten: Wie lässt sich nachhaltige Schulverpflegung für *alle* Kinder finanzieren und wie wird aus der Gestaltung der Rahmenbedingungen ein echter Beitrag zur sozialen Integration?

Das Interview führte Nicole Schmitt, Dr. Rainer Wild-Stiftung.

Literatur

Arens-Azevedo, U.: Qualitätsmanagement in der Gemeinschaftsverpflegung. Ernährungsumschau 7, 2007, S. 408–417.

Council of Europe*: Eating at School-Making Healthy Choices. Conference Proceedings 20 and 21 November 2003.* Strasbourg 2003.

D-A-CH Arbeitsgemeinschaft zur Ernährungs- und Verbraucherbildung: Münchner Erklärung zur Sicherung und Entwicklung der Ernährungs- und Verbraucherbildung – (EVB), München 2009. Online: http://www.habifo.de/extdocs/DACH_ME.pdf, Stand: Oktober 2010.

Deutsches Kinderhilfswerk e. V.: Kinderreport Deutschland 2010: Daten, Fakten, Hintergründe. Freiburg 2009.

DGE – Deutsche Gesellschaft für Ernährung (Hg.): Schule + Essen = Note 1. Bonn 2010. Online: www.schuleplusessen.de, Stand: Oktober 2010.

DGE – Deutsche Gesellschaft für Ernährung (Hg.): Qualitätsstandards für die Schulverpflegung. 2. Auflage, Bonn 2009. Online: www.schuleplusessen.de/fileadmin/user_upload/pdf/Qualitaetsstandards/Qualitaetsstandards%20fuer%20die%20Schulverpflegung.pdf, Stand Oktober 2010.

Holz, G.: Kinderarmut, eine komplexe Herausforderung für staatliches Handeln. In: WSI Mitteilungen 3/2008, S. 145–150. Hans-Böckler Stiftung. Düsseldorf 2008.

Methfessel, B.: Schulverpflegung im Lebensraum Schule. Verantwortlichkeiten, Chancen und Herausforderungen. Haushalt und Bildung 1, 2008, S. 10–20.

Paulus, P.: Bildungsförderung durch Gesundheit: Bestandsaufnahme und Perspektiven für eine gute gesunde Schule. Weinheim 2010

Peinelt, V.; Pelzer, A.; Arnold, O.: Problemstellung und Lösungsvorschläge für die Schulverpflegung. Hochschule Niederrhein. Mönchengladbach 2004.

REVIS: www.evb-online.de

Simshäuser, U.: Leitlinien einer Ernährungswende im Schulalltag. Berlin 2005.

Simshäuser, U.: Ernährung in Settings: das Beispiel Schule. In: Eberle, U.; Hayn, D.; Rehaag, R.; Simshäuser, U. (Hg.): Ernährungswende – eine Herausforderung für Politik, Unternehmen und Gesellschaft. München 2006.

Weizsäcker, E.U.; Lovins, A.B.; Hunter Lovins, L.: Faktor 4. Doppelter Wohlstand – halbierter Naturverbrauch. München 1997.

Qualitätsstandards für die Schulverpflegung

Kristin Pelz

Mit dem Ausbau der Ganztagsschulen stehen Schulen und Schulträger mit Blick auf die Mittagsverpflegung vor immer größeren Herausforderungen (DGE 2007). Um ein adäquates Verpflegungsangebot sicherzustellen, müssen sie oftmals Entscheidungen treffen, die über ihre eigentlichen Kompetenzen hinausreichen. Damit neben den Kosten auch die Qualität der Schulverpflegung mit in die Entscheidungsprozesse einfließen kann, entwickelte die Deutsche Gesellschaft für Ernährung (DGE) im September 2007 Qualitätsstandards für die Schulverpflegung. Ziel der Standards ist es, überprüfbare Anforderungen an eine optimale Schulverpflegung festzulegen und dadurch eine gleichbleibende Qualität zu sichern (DGE 2009, S. 6). Die Qualitätsstandards für die Schulverpflegung liefern klare Kriterien für die Mittags- und Zwischenverpflegung sowie das Getränkeangebot, welche im Folgenden kurz skizziert werden.

Mittagsverpflegung

Die ernährungswissenschaftliche Basis für die Zusammenstellung der Mahlzeiten bilden die D-A-CH-Referenzwerte für die Nährstoffzufuhr (DGE et al. 2008), die auf die Primar- und Sekundarstufe umgerechnet wurden. Sie legen fest, wie viel Energie, Nährstoffe und Ballaststoffe die Verpflegung durchschnittlich pro Tag und über eine Woche betrachtet, liefern soll. Die Mittagsmahlzeit sollte im Durchschnitt an 20 Verpflegungstagen 25 Prozent des täglichen Energie- und Nährstoffbedarfs enthalten. Darüber hinaus benennen die Qualitätsstandards klare Kriterien für die Lebensmittelauswahl. Rapsöl wird beispielsweise, aufgrund seiner günstigen Fettsäurezusammensetzung als Standardöl für die Zubereitung von Speisen empfohlen, wobei auch die Verwendung von Oliven-, Walnuss- und Sojaöl möglich ist (DGE 2009, S. 7–11).

Neben den Empfehlungen für die Speiseplangestaltung umfassen die Qualitätsstandards Angaben zur sensorischen Qualität, dem Hygienemanagement sowie zur Zubereitung und Warmhaltezeit. Mit Hilfe von Checklisten sind Schulen in der Lage, die Zusammensetzung ihres Speiseplans sowie die Nährstoffzusammensetzung ihrer Mahlzeiten zu prüfen. Gleichzeitig greifen die Standards auch pädagogische und kulturelle Rahmenbedingungen auf (DGE 2009, S. 13–26). Es wird vorgeschlagen, Gerichte aus unterschiedlichen Kulturkreisen anzubieten, um die Abwechslung im Speiseplan zu erhöhen, das kulturelle Miteinander zu fördern und Schülern neue Geschmacks- und Geruchserlebnisse zu ermöglichen.

Daneben werden in den Standards die strukturellen Rahmenbedingungen, wie die Größe der Einrichtung, die Anzahl der Lehrkräfte und Schüler sowie die unterschiedlichen Raum- und Finanzierungsmöglichkeiten berücksichtigt (DGE 2009, S. 25).

Zwischenmahlzeiten und Getränkeangebot

Die Qualitätsstandards beinhalten klare Kriterien für Zwischenmahlzeiten, das heißt für das zweite Frühstück sowie die Nachmittagsverpflegung. Diese sind nahezu deckungsgleich mit denen für das Mittagsangebot. Darüber hinaus wird zum Beispiel auch festgelegt, dass weder Süßigkeiten noch gesüßte oder gesalzene Nüsse im Angebot sein sollten (DGE 2009, S. 15 f.).

Um eine ausreichende Flüssigkeitsversorgung der Schüler zu gewährleisten, beinhalten die Standards Hinweise zum Getränkeangebot. Wasser gilt dabei als der geeignetste Durstlöscher, der Schülern während des gesamten Schulbetriebes in- und außerhalb des Unterrichts kostenfrei zur Verfügung stehen soll. Dies kann beispielsweise mit dem Einrichten von Trinkwasserspendern oder Brunnen sichergestellt werden (DGE 2009, S. 7).

Weitere praktische Hinweise

Der Anhang der Qualitätsstandards gibt Hinweise zur Herkunft der eingesetzten Lebensmittel. Beispielsweise sollte sich die Speiseplanung am saisonalen Angebot orientieren und regionale Lebensmittel mit kurzen Transportwegen vorziehen. Im Hinblick auf eine nachhaltige Landwirtschaft wird empfohlen, pflanzliche und tierische Lebensmittel aus ökologischer Erzeugung zu bevorzugen. Zudem finden sich im Anhang Kriterien für die Lebensmittelauswahl bei einer Kiosk- oder Automatenverpflegung. Diese sollte ein möglichst breit gefächertes und gesundheitsförderliches Lebensmittelangebot enthalten und nicht in Konkurrenz zur Mittagsverpflegung stehen. Entscheidet sich eine Schule für eine Eigen- oder Fremdbewirtschaftung, findet sie hier klare Kriterien zur Essensausgabe, dem Bestell- und Abrechnungssystem sowie Hinweise für das Erstellen eines Leistungsverzeichnisses. Letzteres ist unerlässlich, gerade wenn sich Schulen für eine

Fremdbewirtschaftung entscheiden. Das Leistungsverzeichnis legt Art und Umfang der Verpflegungsqualität fest und dient als Basis für Ausschreibungsverfahren (DGE 2009, S. 27–36).

Zertifizierung

Die DGE gibt Schulen die Möglichkeit, sich durch das Erfüllen der Qualitätsstandards in zwei Stufen zertifizieren zu lassen. Wer sein Angebot selbst prüfen will, findet auf der Webseite www.schuleplusessen.de die dazugehörigen Checklisten. Eine erfolgreiche Zertifizierung erlaubt es den Schulen, das DGE-Projektlogo in der Außendarstellung zu nutzen und sich damit von anderen Schulen abzuheben (DGE 2009, S. 17).

Ausblick

Qualitätsstandards für die Schulverpflegung leisten einen wichtigen Beitrag zur Verbesserung der Mittagsverpflegung, denn sie machen Qualität realisierbar und vergleichbar. Gegenwärtig sind die Bedingungen in den einzelnen Schulen sehr unterschiedlich. Aus diesem Grund sind neben den strukturellen auch die finanziellen, räumlichen, kulturellen und personellen Möglichkeiten der Schulen zu berücksichtigen. Langfristig sollte darüber nachgedacht werden, inwieweit diese Standards stärker verbindlich werden können. Vor allem flächendeckend umgesetzt, bieten sie eine gute Möglichkeit, um mit einer alters- und bedarfsgerechten Mittagsverpflegung einen Beitrag für eine gesunde geistige und körperliche Entwicklung von Kindern und Jugendlichen zu leisten.

Literatur

DGE – Deutsche Gesellschaft für Ernährung (Hg.): Qualitätsstandards für die Schulverpflegung. Schlauer essen. Besser lernen. DGE-aktuell 09/2007 vom 20.09.2007. Online: http://www.dge.de/modules.php?name=News&file=article&sid=754, Stand: 14.08.2010.

DGE – Deutsche Gesellschaft für Ernährung et al. (Hg.): D-A-CH Referenzwerte für die Nährstoffzufuhr. 1. Auflage, 3., vollständig durchgesehener und korrigierter Nachdruck, Frankfurt 2008.

DGE – Deutsche Gesellschaft für Ernährung (Hg.): Qualitätsstandards für die Schulverpflegung. 2. Auflage, Bonn 2009. Online: http://www.schuleplusessen.de/cms/upload/pdf/Qualitaetsstandards/Qualitaetsstandards_fuer_die_Schulverpflegung_2._Auflage.pdf, Stand: 10.08.2010.

Zu den Autorinnen

Dr. Ute Alexy studierte im Anschluss an ihre Ausbildung zur Köchin Haushalts- und Ernährungswissenschaften an der Justus-Liebig-Universität Gießen. Sie promovierte 1998 am Forschungsinstitut für Kinderernährung in Dortmund zum Thema: Kontrollierte Erprobung der Optimierten Mischkost in einem Dortmunder Kinderheim. Seit 1993 ist sie wissenschaftliche Mitarbeiterin des Forschungsinstituts für Kinderernährung in der Arbeitsgruppe Ernährungsverhalten. Ihre Forschungsschwerpunkte umfassen die Säuglings- und Kinderernährung, lebensmittelbezogene Ernährungsempfehlungen, Trends im Ernährungsverhalten, Ernährung und Übergewicht sowie Mahlzeitenmuster.

Dr. Kathrin Audehm studierte Erziehungswissenschaft und Philosophie in Leipzig, Berlin und Dundee und promovierte 2005 über die Tischrituale in Familien aus erziehungswissenschaftlicher Perspektive. Anschließend leitete sie zwei Jahre einen Forschungsschwerpunkt zur Performativität kultureller Grenzen innerhalb des Sonderforschungsbereiches „Kulturen und Performativen" an der Freien Universität Berlin. Derzeit arbeitet sie an einem Buchprojekt über die pädagogische Autorität. Ihre Forschungsschwerpunkte sind Anthropologie und Ethnografie, Ritual- und Schulforschung sowie Machtverhältnisse und Körperlichkeit in Bildungs- und Erziehungsprozessen.

Prof. Dr. Silke Bartsch studierte Lehramt mit fachwissenschaftlicher Ausbildung für Arbeitslehre und Biologie an der TU Berlin. Nach dem 1. und 2. Staatsexamen arbeitete sie als Fachlehrerin in Berliner Sekundarschulen. Im Anschluss daran war sie wissenschaftliche Mitarbeiterin im Projekt „Esskultur im Alltag" an der Pädagogischen Hochschule Heidelberg und beteiligte sich an der Reform zur Ernährungs- und Verbraucherbildung in Schulen (REVIS). 2006 promovierte sie an der Pädagogischen Hochschule Heidelberg zum Thema „Jugendesskulturen – Bedeutungen des Essens für Jugendliche im Kontext Familie und Peergroup". Seit 2010 ist sie in der Abteilung Alltagskultur und Gesundheit an der Pädagogischen Hochschule Karlsruhe tätig.

Dr. Kerstin Clausen studierte Haushalts- und Ernährungswissenschaft an der Fachhochschule Hamburg und promovierte 2003 an der Christan-Albrechts-Universität in Kiel. Seit 1996 ist sie wissenschaftliche Mitarbeiterin am Forschungsinstitut für Kinderernährung in Dortmund. Ihre Forschungsschwerpunkte umfassen die wissenschaftlich basierte Entwicklung und Evaluation von Ernährungskonzepten für gesunde Kinder und Jugendliche, inklusive dem anwendungsorientierten Transfer in die Familien sowie die Gemeinschaftsverpflegung in Kindertagesstätten und Schulen.

Prof. Dr. Mathilde Kersting studierte Haushalts- und Ernährungswissenschaften an der Universität Bonn. Sie promovierte, habilitierte und lehrte an der TU Dortmund im Fach Biologie und deren Didaktik. Anschließend war sie wissenschaftliche Mitarbeiterin und Leiterin der Arbeitsgruppe Ernährungsverhalten am Forschungsinstitut für Kinderernährung Dortmund. Seit 2008 ist sie wissenschaftliche Geschäftsführerin der FKE GmbH in Dortmund. Ihre Forschungsschwerpunkte sind die Auswertung der DONALD Studie, die Entwicklung und Evaluation präventiver Ernährungskonzepte, Evaluations- und Interventionsstudien zur Optimierung der Kinderernährung sowie der Transfer der Ernährungsforschung in die Ernährungswirtschaft.

Jacqueline Köhler studierte Ökotrophologie an der Justus-Liebig-Universität in Gießen. Nach einem Auslandsaufenthalt in Neuseeland übte sie eine Seminartätigkeit für den Verband für Unabhängige Gesundheitsberatung e. V. (UGB) aus. Parallel dazu arbeitete sie als wissenschaftliche Mitarbeiterin im Projekt „Ernährungsversorgung zwischen privatem und öffentlichem Raum – Der Essalltag von Familienhaushalten" an der Professur Ernährungsberatung und Verbraucherverhalten am Institut für Ernährungswissenschaft der Justus-Liebig-Universität Gießen mit. Seit 2009 ist sie Projektmanagerin im Netzwerk „Junge Familien, Ernährung und Bewegung" beim Amt für Ernährung, Landwirtschaft und Forsten in Schweinfurt.

Prof. Dr. Ingrid-Ute Leonhäuser studierte Ökotrophologie in Gießen und promovierte dort 1986. Seit 1990 ist sie Professorin für Ernährungsberatung und Verbraucherverhalten am Institut für Ernährungswissenschaften der Justus-Liebig-Universität Gießen. Ihre Forschungsschwerpunkte umfassen das Ernährungs- und Verbraucherverhalten verschiedener Bevölkerungsgruppen sowie die Ernährungssicherung im Rahmen von internationaler Entwicklungsforschung am universitären Zentrum für internationale Entwicklungs- und Umweltforschung. Sie ist Mitglied des wissenschaftlichen Beirats für Verbraucher- und Ernährungspolitik beim Bundesministerium für Ernährung, Landwirtschaft und Verbraucherschutz.

Prof. Dr. Uta Meier-Gräwe studierte Ökologie uns Soziologie in Berlin und promovierte 1978. Seit 1994 hat sie den Lehrstuhl am Institut für Wirtschaftslehre des Haushalts und der Verbrauchsforschung an der Justus-Liebig-Universität Gießen inne. Sie ist erste Vizepräsidentin der Deutschen Liga für das Kind in Familie und Gesellschaft und Mitglied des wissenschaftlichen Beirats des Deutschen Jugendinstituts e. V. München. Zudem war sie Mitglied der Sachverständigenkommission des 7. Familienberichts der Bundesregierung und des 1. Gleichstellungsberichts der Bundesregierung. Ihre Forschungsschwerpunkte sind Haushalts-, Armuts- und Familienforschung sowie Gender- und Zeitpolitik.

Prof. Dr. Barbara Methfessel studierte Ökotrophologie an der Rheinischen Friedrich-Wilhelms-Universität in Bonn und promovierte 1989 an der Universität Dortmund. Seit 1989 ist sie Professorin an der Pädagogischen Hochschule Heidelberg in der Abteilung Ernährungs- und Haushaltswissenschaft und ihre Didaktik. Sie ist Dozentin im Rahmen der Lehramtsausbildung, des BA „Frühkindlichen- und Elementarbildung" und des BA „Gesundheitsförderung". Zudem ist sie Mitglied des Kuratoriums der Dr. Rainer Wild-Stiftung. Ihre aktuellen Forschungsschwerpunkte umfassen Ernährung und Esskultur, Ernährungsbildung und Fachdidaktik, Ernährung und Gesundheit sowie Lebensführung im gesellschaftlichen Wandel.

Dr. Anke Möser studierte Haushalts- und Ernährungswissenschaften an der Justus-Liebig-Universität in Gießen und promovierte 2002 am Institut für Agrarpolitik- und Marktforschung. Anschließend war sie wissenschaftliche Mitarbeiterin im Projekt „Ernährungsversorgung zwischen privatem und öffentlichem Raum – Der Essalltag von Familienhaushalten" am Institut für Ernährungswissenschaft. Seit 2007 ist sie wissenschaftliche Mitarbeiterin am Zentrum für internationale Entwicklungs- und Umweltforschung in Gießen. Ihre Forschungsschwerpunkte umfassen die Preisbildung in der Ernährungswirtschaft, internationaler Handel, Untersuchungen zum Ernährungs- und Verbraucherverhalten sowie Zeitbudgetforschung.

Kristin Pelz erwarb ihren Bachelorabschluss in Ökotrophologie an der Justus-Liebig-Universität Gießen. Im Anschluss daran absolvierte sie ihr Masterstudium in Public Health Nutrition an der Hochschule Fulda. Dort arbeitete sie ein Jahr in einem Forschungsprojekt zur Adipositasprävention von Kindern und Jugendlichen. In ihrer Masterarbeit untersuchte sie „Innovative Ansätze für die Ernährungskommunikation am Beispiel des Schulobstprogramms in Deutschland". Seit Juli 2010 ist sie als Stipendiatin für den Bereich Kommunikation bei der Dr. Rainer Wild-Stiftung in Heidelberg beschäftigt.

Dr. Ulla Simshäuser studierte Soziologie an der FU Berlin und promovierte an der Universität Bielefeld. Sie war wissenschaftliche Mitarbeiterin, zunächst am

Institut of Public Health der Universität Heidelberg, danach am Institut für ökologische Wirtschaftsforschung (IÖW) Berlin. Seit 2006 ist sie beteiligt am Aufbau des BA-Studiengangs Gesundheitsförderung der Pädagogischen Hochschule Heidelberg und hat dort die Geschäftsführung inne. Ihre Themen der Lehre umfassen Soziale Lage und Gesundheit, Umweltgerechtigkeit und projektbezogenes Lernen. Forschungsprojekte waren unter anderem „Ernährungswende" (BMBF/FONA) und „Arbeitsmarkt Gesundheitsförderung" (PH Heidelberg). Sie ist Mitglied in diversen Netzwerken der Gesundheitsförderung, unter anderem im Arbeitskreis Schule des Rhein-Neckar-Kreises.

Prof. Dr. Kirsten Schlegel-Matthies studierte Sozial- und Wirtschaftsgeschichte, Volkskunde, Germanistik und Pädagogik an der Universität Münster. Sie promovierte 1991 am Historischen Seminar in Münster und habilitierte zum Thema „Zwischen Wissenschaft und Lebenswelt; Entwicklung, Stand und Zukunftsperspektiven haushaltsbezogener Bildung". Seit 2002 ist sie an der Universität Paderborn am Institut für Ernährung, Konsum und Gesundheit tätig und beteiligt sich an der Reform der Ernährungs- und Verbraucherbildung im Modellprojekt REVIS. Zu ihren Forschungsschwerpunkten zählen Ernährung und Esskultur, Nachhaltigkeit und Ernährung, Vermittlung von Alltagskompetenzen sowie Verbraucherbildung für Kinder und Jugendliche.

Dr. Sabine Schmidt studierte Ökotrophologie und promovierte über das Thema „Mittagsmahlzeiten in Kindertagesstätten". Seitdem beschäftigt sie sich inhaltlich mit dem Thema Kinderernährung, wobei ihr Schwerpunkt auf Ernährungssozialisation und -erziehung liegt. Nach einer Tätigkeit als Fachlektorin bei einem Marburger Verlag für medizinische Fachliteratur und Gesundheitsratgeber (KVM) arbeitet sie seit 2005 bei mpm Fachmedien, Pohlheim, als Redaktionsmitglied der Ernährungs-Umschau. Sie betreute 2009 die Neuveröffentlichung „Kinderernährung aktuell" des Umschau Verlages. Nebenberuflich berät sie MultiplikatorInnen und Eltern zu den Themen Säuglings- und Kinderernährung sowie Esserziehung.

Dr. Gesa Schönberger studierte nach ihrer Ausbildung zur staatlich geprüften Diätassistentin Ökotrophologie an der Universität Gießen und promovierte dort 2003. Nachdem sie mehrere Jahre als wissenschaftliche Leiterin der Dr. Rainer Wild-Stiftung, Stiftung für gesunde Ernährung, in Heidelberg tätig war, übernahm sie 2005 die Geschäftsführung der Stiftung. Seit 2006 ist sie zudem Geschäftsführender Vorstand des Internationalen Arbeitskreises für Kulturforschung des Essens. Ihre Themenschwerpunkte umfassen die Ernährungsverhaltens- und Esskulturforschung, gesunde Ernährung aus ganzheitlicher Sicht sowie die Integration verschiedener disziplinärer Sichtweisen im Bereich Ernährung.

Zu den Autorinnen

Prof. Dr. Gertrud Winkler studierte Ökotrophologie an der TU München-Weihenstephan und promovierte 1992. Es folgten ernährungsepidemiologische und sozialmedizinische Forschungstätigkeiten sowie eine Tätigkeit im Bereich Forschung & Entwicklung eines großen Lebensmittelkonzerns. Berufsbegleitend absolvierte sie ein Zusatzstudium in der Erwachsenenpädagogik an der Hochschule für Philosophie in München sowie ein Masterstudium in Gesundheitswissenschaften an der Universität Ulm. Seit 1998 ist sie Professorin für „Ernährungs- und Lebensmittelwissenschaften" an der Hochschule Albstadt-Sigmaringen. Ihre aktuellen Arbeitsschwerpunkte sind die Gemeinschaftsgastronomie, vor allem die Schulverpflegung, die Ernährungssituation verschiedener Bevölkerungsgruppen (zum Beispiel Migranten, Kinder) sowie die qualitativen Methoden der Sozialforschung in der Ernährungsverhaltensforschung.

Dr. Uta Zander studierte Haushalts- und Ernährungswissenschaften an der Justus-Liebig-Universität in Gießen und promovierte 2010 am Institut für Wirtschaftslehre des Haushalts und Verbrauchsforschung. Sie war wissenschaftliche Mitarbeiterin im Projekt „Ernährungsversorgung zwischen privatem und öffentlichem Raum – Der Essalltag von Familienhaushalten" an der Professur für Wirtschaftslehre des Privathaushalts und Familienwissenschaft. Ihr Forschungsinteresse ist die sozialwissenschaftliche Ernährungsforschung. In ihrer Promotionsarbeit beschäftigt sie sich mit der Frage, wie hoch qualifizierte Wissenschaftlerinnen und Selbstständige ihre Karriereambitionen mit familialen Fürsorgeaufgaben vereinbaren.

Dr. Rainer Wild-Stiftung,
Stiftung für gesunde Ernährung

Die Dr. Rainer Wild-Stiftung, Stiftung für gesunde Ernährung versteht sich als Kompetenzzentrum für gesunde Ernährung und Ansprechpartner für Fachleute, Wissenschaftler und Multiplikatoren. Auf Basis wissenschaftlicher Erkenntnisse will sie ein tieferes Verständnis für die existenzielle Bedeutung gesunder Ernährung schaffen und setzt sich aktiv für einen zeitgemäßen und verantwortungsbewussten Umgang mit Ernährung ein. Eine ihrer zentralen Aufgaben sieht sie darin, den Wissenstransfer, die Kommunikation und die Vernetzung der einzelnen Gruppen im Ernährungsbereich zu fördern. Ihr Ziel ist es, gemeinsam mit allen Akteuren der „Wertschöpfungskette Ernährung" die Weichen für eine gesunde Ernährung in der Zukunft zu stellen.

Im Mittelpunkt ihrer Arbeit steht dabei ein moderner ganzheitlicher Ansatz, denn gesunde Ernährung ist mehr als Kalorien zählen und Inhaltsstoffe messen. Vielmehr rückt der Mensch mit seinen individuellen Wünschen und Bedürfnissen ins Zentrum der Betrachtung. Nicht nur was wir essen, sondern auch wann, wo, wie, warum und mit wem spielt eine wichtige Rolle. Ausgehend von diesem breiten Verständnis beschäftigt sich die Dr. Rainer Wild-Stiftung nicht nur mit rein naturwissenschaftlichen Fragestellungen, sondern bezieht bewusst kulturelle und soziale Aspekte der Ernährung in ihre Arbeit mit ein. Bei all ihren Aktivitäten verfolgt sie dabei immer auch die Förderung eines interdisziplinären Dialogs.

Die Schwerpunkte der Stiftungsarbeit liegen in den Themen Ernährungsbildung, Verbraucherverhalten, Esskultur und Geschmacksforschung. In diesen Bereichen initiiert und veranstaltet die Stiftung Tagungen und Workshops, veröffentlicht Bücher und Fachartikel und betreibt eigene Forschung.

Die Dr. Rainer Wild-Stiftung wurde 1991 von Dr. Rainer Wild, einem Unternehmer der Ernährungsindustrie, in Heidelberg gegründet. Sie ist eine gemeinnützige und unabhängige Stiftung des bürgerlichen Rechts. Gemäß ihrer Satzung ist sie ausschließlich operativ tätig und verwendet ihre Mittel für eigene Projekte.

Dr. Rainer Wild-Stiftung
Stiftung für gesunde Ernährung
Mittelgewannweg 10
69123 Heidelberg
Tel: 06221-7511 200
Fax: 06221-7511 240

info@gesunde-ernaehrung.org
www.gesunde-ernaehrung.org

Umfassender Überblick zu den Speziellen Soziologien

> Profunde Einführung in grundlegende Themenbereiche

Georg Kneer /
Markus Schroer (Hrsg.)
**Handbuch
Spezielle Soziologien**

2010. 734 S. Geb. EUR 49,95
ISBN 978-3-531-15313-1

Erhältlich im Buchhandel
oder beim Verlag.
Änderungen vorbehalten.
Stand: Juli 2010.

Das „Handbuch Spezielle Soziologien" gibt einen umfassenden Überblick über die weit verzweigte Landschaft soziologischer Teilgebiete und Praxisfelder. Im Gegensatz zu vergleichbaren Buchprojekten versammelt der Band in über vierzig Einzelbeiträgen neben den einschlägigen Gegenstands- und Forschungsfeldern der Soziologie wie etwa der Familien-, Kultur- und Religionssoziologie auch oftmals vernachlässigte Bereiche wie etwa die Architektursoziologie, die Musiksoziologie und die Soziologie des Sterbens und des Todes.

Damit wird sowohl dem interessierten Laien, den Studierenden von Bachelor- und Masterstudiengängen als auch den professionellen Lehrern und Forschern der Soziologie ein Gesamtbild des Faches vermittelt. Die jeweiligen Artikel führen grundlegend in die einzelnen Teilbereiche der Soziologie ein und informieren über Genese, Entwicklung und den gegenwärtigen Stand des Forschungsfeldes.

Das „Handbuch Spezielle Soziologien" bietet durch die konzeptionelle Ausrichtung, die Breite der dargestellten Teilbereichssoziologien sowie die Qualität und Lesbarkeit der Einzelbeiträge bekannter Autorinnen und Autoren eine profunde Einführung in die grundlegenden Themenbereiche der Soziologie.

www.vs-verlag.de

VS VERLAG

Abraham-Lincoln-Straße 46
65189 Wiesbaden
Tel. 0611.7878-722
Fax 0611.7878-400

MIX
Papier aus verantwortungsvollen Quellen
Paper from responsible sources
FSC® C105338

If you have any concerns about our products,
you can contact us on
ProductSafety@springernature.com

In case Publisher is established outside the EU,
the EU authorized representative is:
**Springer Nature Customer Service Center GmbH
Europaplatz 3, 69115 Heidelberg, Germany**

Printed by Libri Plureos GmbH
in Hamburg, Germany